Mathe **ohne** Angst!

Basics für die Mittelstufe

Übungsheft Mathematik von der 7. - 10. Klasse

Jörg Christmann

1. Auflage

Vorwort / Hinweise

Das Buch wendet sich an Schülerinnen und Schüler der Klassenstufen 7 - 10. Es behandelt die wichtigsten Themen in dieser Phase des Schullebens.

Die behandelten Themen erheben keinen Anspruch auf Vollständigkeit. Dem ein oder anderen wird ein Thema fehlen oder ein Bereich zu wenig behandelt zu sein. In diesem Buch liegt der Schwerpunkt auf Rechenaufgaben. Theoretische Grundlagen werden in der Regel nicht in diesem Werk hergeleitet. Dies wird dem Unterricht in der Schule überlassen. Die wichtigsten Regeln und Gesetzmäßigkeiten werden jedoch zu Beginn jedes Kapitels vorgestellt.

Rein geometrische Themen wie Ähnlichkeit von Dreiecken, Winkelsätze oder Dreieckskonstruktionen wurden nicht behandelt. Ebenso verzichten wir auf das Thema Wahrscheinlichkeitsrechnung.

Wir haben uns bemüht, einen Kompromiss zwischen Gesamtumfang und Wichtigkeit im Schulleben zu treffen. Dabei soll durch die Übungen das Basiswissen gefestigt werden. Für vertiefendes Spezialwissen wird auf themenbezogene Literatur verwiesen.

Die Themen können je nach Schulform und Bundesland in verschiedenen Jahrgängen behandelt werden. Sie stellen jedoch eine essenzielle Auswahl für eine gute Vorbereitung auf die Oberstufe oder zum Wiederholen des Stoffs eines Schuljahres dar.

Autor und Herausgeber übernehmen trotz sorgfältiger Prüfung keine Haftung oder Gewähr für eventuell fehlerhafte Inhalte.

Lösungen zu den Aufgaben in diesem Übungsheft sind online verfügbar:

Link:
calcuso.link/matheohneangst

Inhaltsverzeichnis

1 Terme aufstellen und vereinfachen

1.1 Was sind Terme?

Ein Term ist ein Rechenausdruck. Er kann aus Zahlen, Rechenzeichen, Variablen und mathematischen Symbolen wie z.B. Klammern bestehen. Einige Beispiele für Terme:

$2x + 3$ $\qquad$ $15 + 23 \cdot 2 - 10$ $\qquad$ $2a + 2b$

Terme werden vereinfacht, zusammengefasst oder ausgerechnet. Sie enthalten grundsätzlich kein Gleichheitszeichen. **Steht ein Gleichheitszeichen zwischen zwei Rechenausdrücken, dann handelt es sich um eine Gleichung**.

Wichtig zu wissen:

- Gleiche Variablen dürfen zusammengefasst werden.
- Wir dürfen NIE verschiedene Variablen (wie z.B. *a* und *b*) zusammenfassen.
- Reine Zahlen dürfen nicht mit Variablen zusammengefasst werden!
- Multiplizieren wir gleiche Variablen miteinander, so können wir dies als Potenz schreiben.
- Bei der Multiplikation dürfen wir Faktoren vertauschen, so dass die Variable im Produkt rechts steht und wir die Zahlenfaktoren miteinander multiplizieren können.

1.2 Wozu braucht man Terme?

Rechenausdrücke oder Terme werden verwendet, um mathematische Berechnungen durchzuführen, Gleichungen aufzustellen, Funktionen zu definieren oder Problemstellungen in verschiedenen Bereichen der Mathematik oder unserem Alltag zu beschreiben und zu lösen.

Beispiel: Das Gewicht eines Briefes in Abhängigkeit der Anzahl der Blätter in dem Briefumschlag einschließlich der Briefmarke.

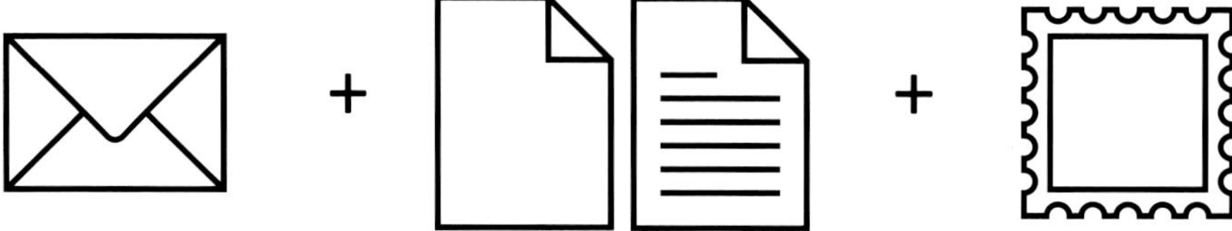

Wir nennen das Gewicht des Briefumschlags u, das Gewicht eines Blattes Papier p und die Anzahl der Blätter Papier nennen wir n. Das Gewicht der Briefmarke nennen wir b. Dann lautet der Rechenausdruck für das Gesamtgewicht:

$$u + n \cdot p + b$$

Kennen wir die einzelnen Gewichte in Gramm und nur die Anzahl der Blätter Papier ist unbekannt, können wir den Rechenausdruck auch schreiben als:

$$7 + n \cdot 5 + 3$$

In diesem Term wiegt der Umschlag $7\ g$, ein Blatt Papier $5\ g$ und eine Briefmarke $3\ g.$ Unseren Term kann man zusammenfassen zu:

$$10 + n \cdot 5$$

Darf ein Standardbrief maximal $20\ g$ wiegen, wird schnell klar, dass n maximal 2 werden darf, d.h. man darf nur zwei Blätter in den Briefumschlag einlegen.

1.3 Einfache Terme zusammenfassen – Addieren und Subtrahieren

Aufgabe
Vereinfache die Terme und fasse zusammen.

a) $13a + 2a + a - 2a + 5a$

b) $20h - 18h + 25h - 17h$

c) $3x + 3x - 2x + 5x$

d) $-17b - 23b + 25b + 16b$

e) $10i + 3i - i - 4i$

f) $-c + 20c - 19c - 25c$

g) $5k + 3k - 4k + 11k$

h) $a + 200 - 190 + 24a$

i) $8a - 2a - 6a + 4a + 5a$

j) $10b + 20 + 20b + 10$

k) $7z + 3z - 5z + 8z - z$

l) $42a + 200 - 190 + 24a$

m) $5w - 4w + 7w$

n) $7c + 3 - 3c + 7 - 4c + 10$

o) $3y + y - 2y + y - 2y$

p) $2x + y + 3x + 5x + 5y - 10y$

1.4 Einfache Terme zusammenfassen – Multiplizieren und Dividieren

Aufgabe

Fasse die Terme zusammen.

a) $5a \cdot 3$

b) $18h \cdot 2$

c) $10b : b$

d) $3x \cdot 4$

e) $27b : 3$

f) $(42x) : (7x)$

g) $12i \cdot 5$

h) $20c : 5$

i) $(6 \cdot 7 : 3) \cdot y$

j) $4y \cdot 7$

k) $(14 : 2) \cdot a$

l) $20y \cdot 7 \cdot 3$

m) $8 \cdot 7a$

n) $2 \cdot 3 \cdot 7w$

o) $14 \cdot 3z$

1.5 Etwas kompliziertere Terme zusammenfassen – Klammern auflösen

Aufgabe

Löse die Klammern auf und fasse zusammen!

a) $8 \cdot (10 + x) + 10$

b) $3 \cdot (4 - y) + 3y - 12$

c) $2 \cdot (13b + 8) - 10$

d) $7 \cdot (7c - 7) + 49$

e) $3 \cdot (8z + 17) - 50$

f) $2 \cdot (20 - 2z) - 50 + 5z$

g) $20 \cdot (7a + 5) - 100$

h) $19 \cdot (2 - a) - 22 - 20a$

i) $11 + 7 \cdot (y + 11) - 80 + 3y$

j) $100 - (30 - 20b) \cdot 2 + 41b$

k) $6 \cdot (7i + 6) - 40i - 30$

l) $u \cdot (7 + 13) + 40u - 25$

m) $7x + 10 \cdot (8x + 9) - 81x - 89$

n) $5z + 15 \cdot (5z - 9) - 70z + 15$

o) $2g + 22 + 9 \cdot (2g - 2)$

p) $20h - 30 \cdot (2h - 2) + 4 \cdot 5h$

1.6 Kompliziertere Terme zusammenfassen – Klammern und Potenzen

Aufgabe

Löse die Klammern auf und fasse zusammen!

a) $6 \cdot (10 + 2x) + 3x + 2 \cdot (10 + x)$

b) $2x^2 + 3x - 2 \cdot (x - x^2)$

c) $3 \cdot (3b + 8) - 9 + 7b$

d) $5y \cdot (3y - 7) + 35y$

e) $x \cdot (4 + x) - 4x$

f) $-2x \cdot (x - 1) - 2x$

g) $60 \cdot (9i + 6) - 4 \cdot (20 - i) - 200$

h) $30 \cdot (p - 5) + 155 - 29p$

i) $2 \cdot (8 + 17z) - 10z + 14$

j) $10x - x \cdot (30 - 20x) + 40x^2$

k) $21g + 220 + 9 \cdot (20g - 10)$

l) $x \cdot x \cdot x - 3x - x^3$

m) $21 \cdot (3a + 4) - 10 \cdot (a - 2)$

n) $5z \cdot z^2 + 2z^3 - 2z^2 \cdot 3z$

o) $4z \cdot (50 - 5z) - 200z + 25z^2$

p) $13y + 3 \cdot (7y + 12) - 80 + 3 \cdot (17 - y)$

q) $70 \cdot (x + 10) + 2 \cdot (4x + 9) - 8x - 600$

r) $3a^2 \cdot (50 - 10b) - 100a^2 + 45a^2b$

s) $125 \cdot (8x + 4) - 250 \cdot 2 - 10^3 \cdot (x - 0{,}5)$

t) $11 \cdot (11 - 10x) + 8 \cdot (12x - 15) + 1 - 2 \cdot 7x$

1.7 Terme aufstellen aus Grafiken

Aufgabe

Bestimme den Umfang der folgenden geometrischen Figuren. Die jeweiligen Seitenlängen sind angegeben.

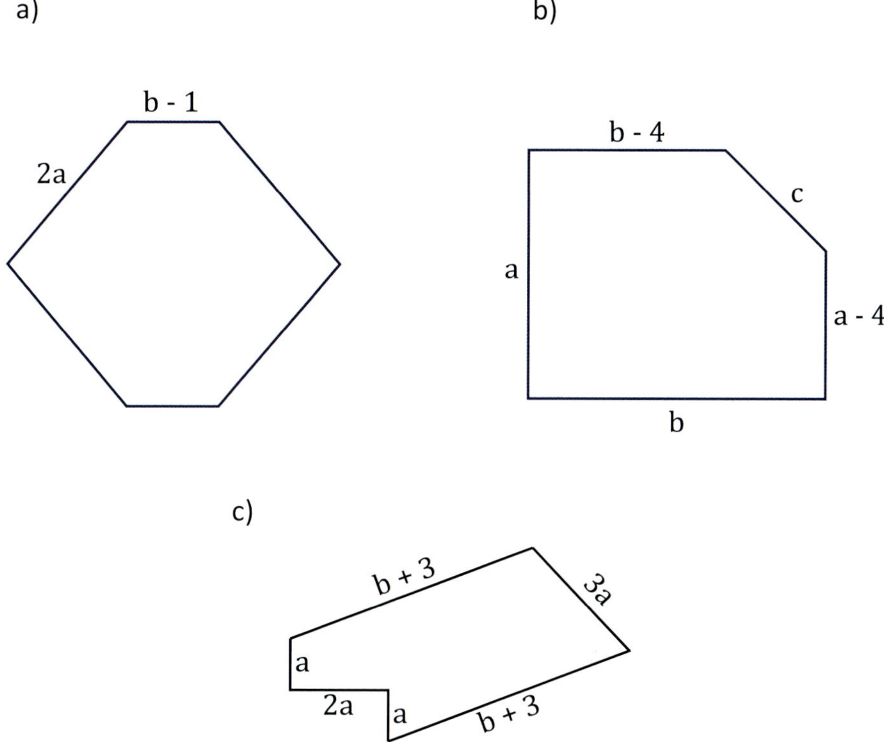

Bestimme zu den folgenden Figuren den Umfang und den Flächeninhalt!

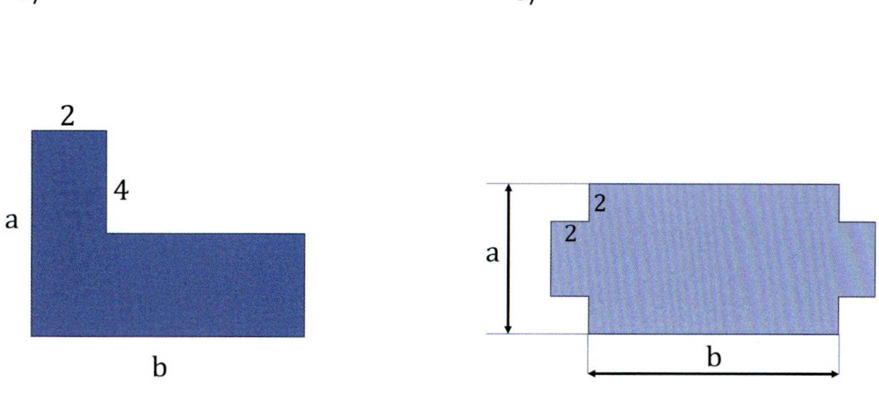

1.8 Terme aufstellen in Praxisaufgaben

1.8.1 Streichhölzer zusammenlegen

Aufgabe

Streichhölzer werden in Form von gleichseitigen Dreiecken zusammengelegt wie im Bild dargestellt.

a) Wie viele Streichhölzer benötigt man, um n Dreiecke zusammenzulegen? Stelle einen Rechenausdruck auf. Das Bild soll das für $n = 1, 2$ und 4 etwas veranschaulichen. Starte vielleicht, indem du die Anzahl der Streichhölzer für die drei Fälle berechnest!

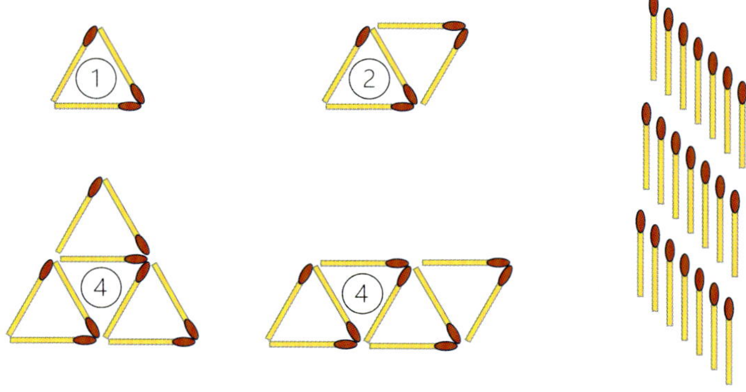

Bild: Powerpoint

b) Wie viele Streichhölzer sind in dem folgenden Bild verwendet worden? Zähle hierzu nur die Dreiecke und verwende den Rechenausdruck aus Aufgabe a). Jetzt zähle alle Streichhölzer und vergleiche mit dem Term aus a), was fällt dir auf?

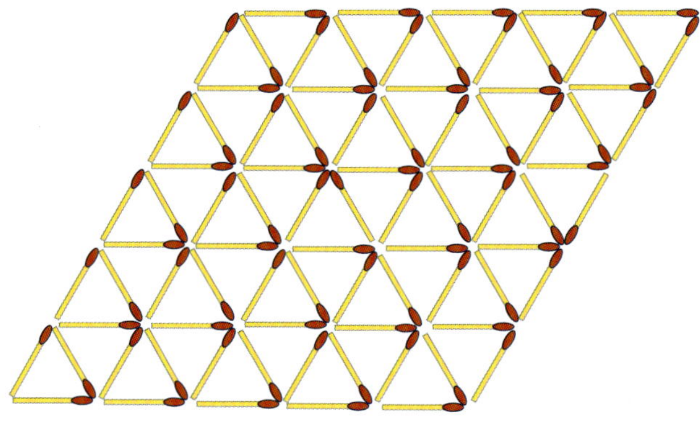

Bild: Powerpoint

1.8.2 Die quadratische Pizza – Eckstücke, Randstücke und Innenstücke

Aufgabe

Ein Quadrat habe die Kantenlänge n und sei dabei in n^2 gleich große kleine Quadrate eingeteilt. Im Bild ist die Situation für $n = 4$ dargestellt.

Bestimme die Anzahl der Eckstücke, Innenstücke und Randstücke in Abhängigkeit der Kantenlänge n. Stelle hierzu jeweils Rechenausdrücke auf.

Tipp: Es ist hilfreich, eine Wertetabelle für die Eckstücke, Randstücke und Innenstücke für die Werte $n = 4$ bis $n = 6$ zu erstellen, um einen ersten Eindruck vom allgemeinen Rechenausdruck zu erhalten.

n=4

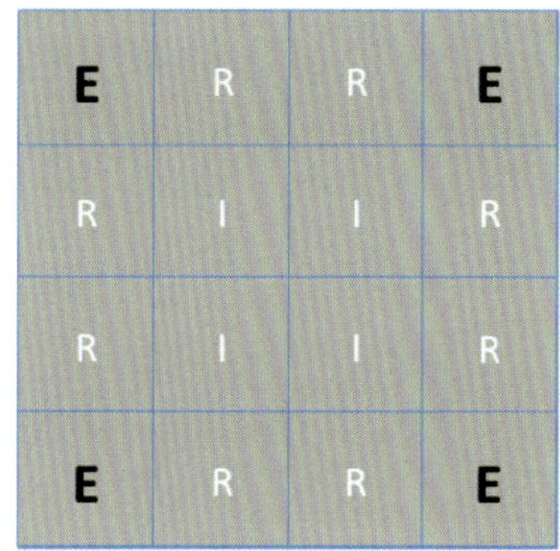

- Anzahl der Innenstücke I
- Anzahl der Randstücke R
- Anzahl der Eckstücke E

1.8.3 Das Paketschnurproblem

Aufgabe

Ein quaderförmiges Paket soll mit einer Schnur umwickelt werden. Die Kantenlängen des Quaders nennen wir a, b, c. Die Schnur wird an den Enden noch zu einem Knoten zusammengebunden, der insgesamt eine Länge von 30 cm haben soll.
Erstelle zu den abgebildeten Varianten jeweils einen allgemeinen Rechenausdruck und berechne anschließend die benötigte Schnurlänge für die Kantenlängen $a = 40\ cm, b = 30\ cm, c = 20\ cm$.

Variante 1

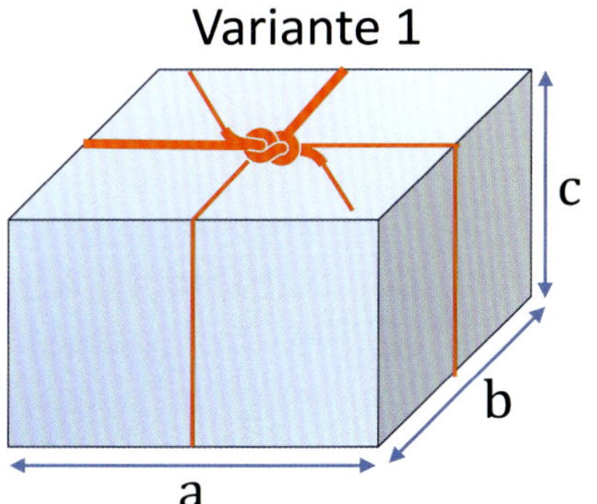

Variante 2

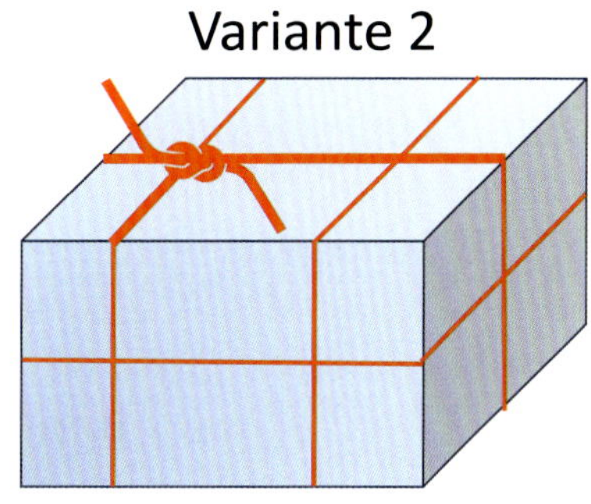

Bild: Powerpoint

2 Gleichungen lösen

2.1 Warum Gleichungen lösen

Das Lösen von Gleichungen ist elementar wichtig in der Mathematik. Wir benötigen diese Technik in vielen späteren Themen als Hilfsmittel zum Lösen anderer Problemstellungen. Zwei wichtige werden hier einmal vorgestellt:

1. Bestimmen der Nullstellen von Funktionen
2. Gleichsetzen von Funktionen, um einen Schnittpunkt zu finden.

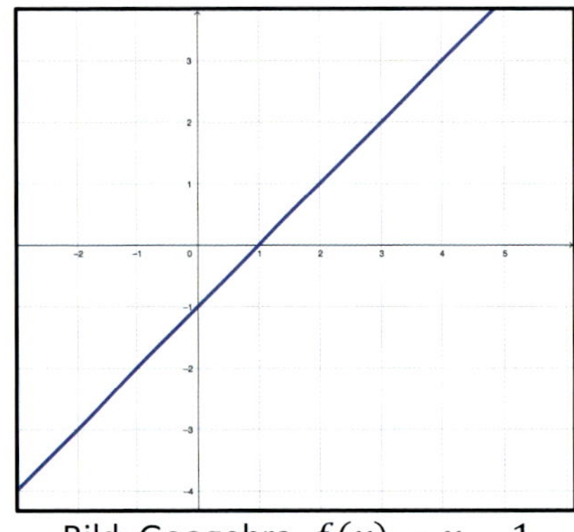

Bild: Geogebra, $f(x) = x - 1$

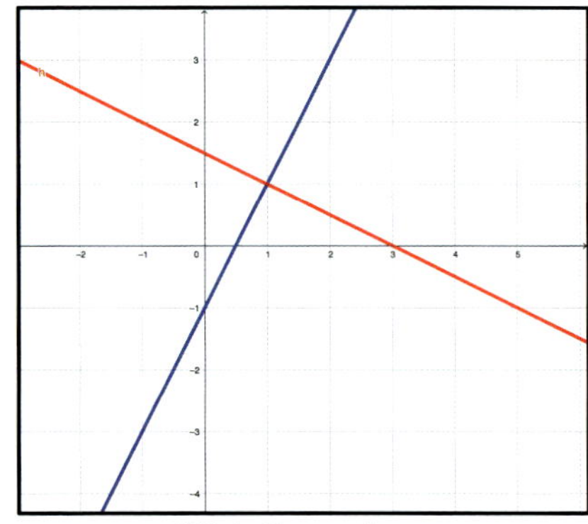

Bild: Geogebra, $f(x) = 2x - 1$ und $g(x) = -0{,}5x + 1{,}5$

1. Nullstellen

Wo hat die Funktion:

$$f(x) = x - 1$$

eine Nullstelle? Die Gleichung lautet:

$$x - 1 = 0$$

Forme um und du erhältst $x = 1$.

2. Schnittpunkte

Wo scheiden sich die Funktionen:

$f(x) = 2x - 1$ und $g(x) = -0{,}5x + 1{,}5$?

Setze beide Funktionsterme gleich. Die Gleichung lautet:

$$2x - 1 = -0{,}5x + 1{,}5$$

Aufgelöst nach x erhalten wir $2{,}5x = 2{,}5$ oder $x = 1$.

2.2 So löst man Gleichungen

Betrachten wir ein Beispiel: 9 Pflaumen wiegen so viel wie 3 Pflaumen und 240g. Wie viel wiegt eine Pflaume?

Diese Aufgabe schreiben wir als Gleichung:

$$9x = 240 + 3x$$

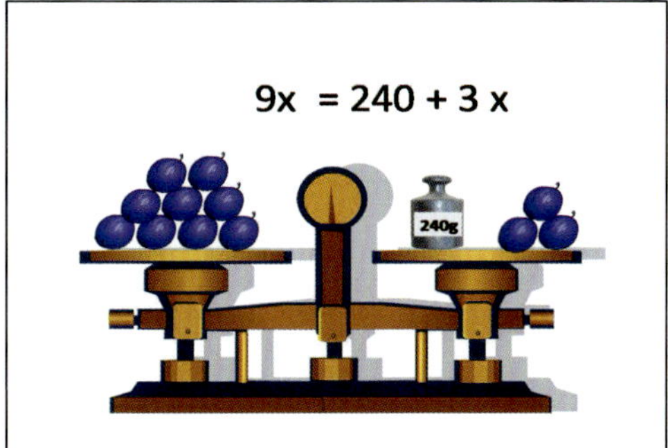

Auf jeder Seite nehmen wir 3 Pflaumen weg. Schon sieht die Waage anders aus.

Die Gleichung lautet nun:

$$6x = 240$$

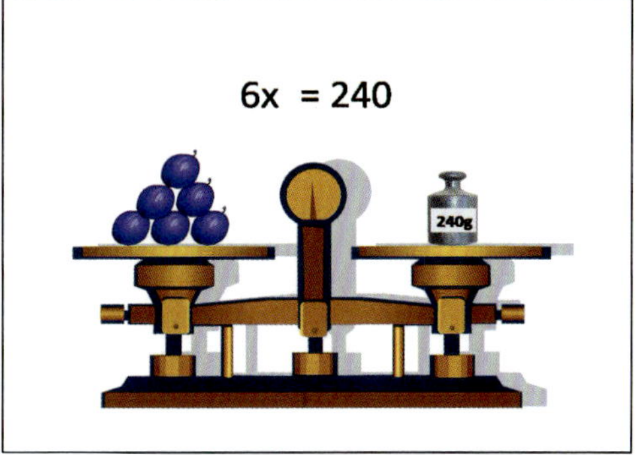

Teilen wir jede Seite durch 6, erhalten wir:

$$x = 40$$

Zu jeder Gleichung gehört eine Lösungsmenge:

$$L = \{40\}$$

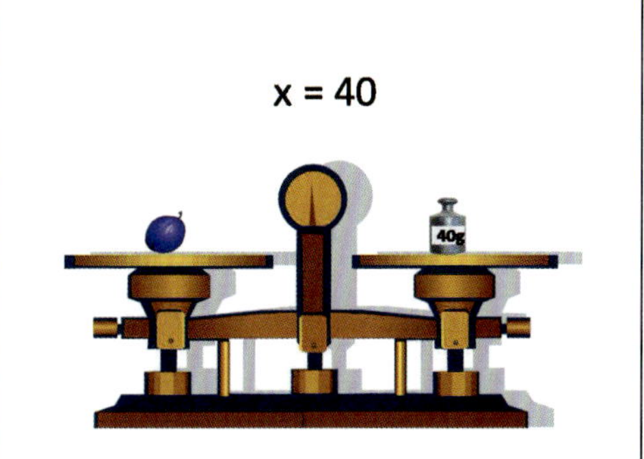

Bilder: PowerPoint

Wir merken uns:
Auf jeder Seite einer Gleichung dürfen wir die gleiche Rechenoperation ausführen:

- Auf jeder Seite dürfen wir eine Zahl oder auch einen Teil des Terms addieren oder subtrahieren
- Jede Seite dürfen wir mit einer Zahl (oder auch einem Term) multiplizieren
- Jede Seite dürfen wir durch eine Zahl (oder auch einen Term) dividieren

Regeln für das Lösen von Gleichungen

1. Vereinfache jede Seite der Gleichung durch Ausmultiplizieren und zusammenfassen, wenn möglich.
2. Bringe die Ausdrücke mit der Variablen auf eine Seite und alle Zahlen auf die andere Seite. Wende hierzu Schritt für Schritt jeweils eine Rechenoperation auf beide Seiten an.

Wichtiger Hinweis:

Eine Gleichung kann auch keine Lösung haben, d.h. sie ist unlösbar. Die Lösungsmenge existiert trotzdem! Sie lautet in diesem Fall: „leere Menge“! Das schreibt man so:

$$L = \{\,\}\ oder\ L = \emptyset$$

2.3 Aufgaben - Einfache Form: Nur Multiplikation / Division

Aufgaben

a) $2x = 8$ b) $\frac{1}{5}x = 4$ c) $0{,}3x = 3$ d) $1{,}2x = 9{,}6$

e) $3x = 12$ f) $\frac{1}{7}x = 3$ g) $\frac{5}{2}x = 7{,}5$ h) $\frac{3}{2}x = 1{,}8$

i) $8x = 24$ j) $0{,}4x = 1$ k) $\frac{7}{4}x = 14$ l) $0{,}02x = \frac{1}{2}$

m) $\frac{1}{2}x = 2$ n) $0{,}1x = 45$ o) $3\frac{1}{8}x = 25$ p) $0{,}125x = 3$

2.4 Aufgaben – Einfache Form: Nur Division / Multiplikation

Aufgaben

a) $x:8 = 2$ b) $x:\frac{1}{5} = 30$ c) $x:10 = 20$ d) $1{,}2x:6 = 0{,}5$

e) $x:3 = 7$ f) $\frac{1}{7}x = 1$ g) $4x:0{,}2 = 100$ h) $5x:7 = 5$

i) $x: 5 = 20$ j) $x: \frac{2}{7} = 14$ k) $15x: \frac{1}{3} = 90$ l) $x: 0{,}05 = 60$

m) $x: 0{,}5 = 4$ n) $x: 0{,}3 = 40$ o) $3{,}5x: \frac{1}{2} = 63$ p) $x: \frac{1}{8} = 512$

2.5 Aufgaben - Einfache Form: Addition und Subtraktion

Aufgaben

a) $x + 5 = 8$ b) $x - 25 = 30$ c) $x - \frac{3}{5} = \frac{1}{5}$

d) $x - 7 = 2$ e) $x + 10 = 12$ f) $x + \frac{5}{8} = \frac{3}{4}$

g) $x + 3 = 4$ h) $x - 8 = -10$ i) $8x + 20 = 84$

j) $x + 2 = 2$ k) $x - 12 = 3$ l) $3x - 8 = 19$

m) $x - 4 = 9$ n) $x + 0{,}5 = 1{,}2$ o) $6x - 22 = 44$

2.6 Aufgaben - Termumformung I

Aufgaben

a) $x + 35 = 7 - x$ b) $x - 110 = 2x - 120$ c) $3x - 77 = x - 55$

d) $3x - 3 = 12$ e) $8x - 1 = x + 13$ f) $-5x + 20 = x + 140$

g) $2x + 12 = -x + 21$ h) $0{,}5x - 12 = 0{,}3x$ i) $0{,}1x + 15 = 0{,}1x$

j) $4x = 200 - x$ k) $2x + 5 = 10$ l) $7x + 27 = 7x + 15$

m) $x - 4 = 9x + 28$ n) $3{,}6x - 28 = 0{,}8x$ o) $2{,}5x + 20 = 20$

p) $x - 25 = 17 + x$ q) $\frac{x}{2} + \frac{8}{2} = \frac{3x}{2}$ r) $1{,}5x - 8 = -\frac{x}{2} + 1$

2.7 Aufgaben - Termumformung II

Aufgaben

a) $3x + 17 - 2x = 10 + x + 7$

b) $0{,}01x + \frac{1}{1000} = -0{,}02x - 0{,}004$

c) $2x + 15 + 3x = 10x + 30 - 7x$

d) $\frac{x}{10} + 10 = \frac{x}{20} + 20$

e) $x + 2x + 3x = 5 + 10 + 15$

f) $0{,}15x + 15 = 0{,}45x - 15$

g) $4x - 3x + x - 10 = -x + 20$

h) $3x + 3 - x = -1 - x$

i) $7{,}5x - 7{,}5 = 9x - 9$

j) $12x - 20 + x = 55 - 2x$

k) $10x - 25x + 25 = 15x - 5$

l) $\frac{3}{4}x + 60 = \frac{1}{2}x - 20$

2.8 Aufgaben - Termumformung III (mit Klammern)

Aufgaben

a) $4 \cdot (y + 2) = 16$

b) $4u + 4 \cdot (u + 2) = 7u + 9$

c) $3 \cdot (3 - x) = 7x - 1$

d) $7 \cdot (u - \frac{15}{21}) = 2u$

e) $a + 5 \cdot (a - 4) = -a + 1$

f) $\frac{1}{2}(x - 2) = \frac{1}{4}x + 4$

g) $8 \cdot (4x + 8) - (30x + 34) = 4x$

h) $3 \cdot (x - 4) = 4 \cdot (x - 4)$

2.9 Aufgaben – Textaufgaben Zahlenrätsel

Aufgaben

Stelle zu jeder Aufgabe eine Gleichung auf und löse sie anschließend!

a) Wenn man eine Zahl mit 7 multipliziert und dann 10 addiert, erhält man das gleiche Ergebnis, als wenn man die Zahl mit 9 multipliziert. Wie heißt die Zahl?

b) Wenn man eine Zahl mit 8 multipliziert und 12 subtrahiert, so erhält man 60. Welche Zahl ist es?

c) Wenn man eine Zahl durch 3 dividiert, erhält man das gleiche Ergebnis, als wenn man 7 von 18 subtrahiert. Wie heißt die Zahl?

d) Ich denke mir eine Zahl, multipliziere sie mit (-7), subtrahiere 44 und erhalte 47. Wie heißt meine Zahl?

e) Das Produkt aus einer Zahl und 7 ist genauso groß wie die Differenz von 32 und der Zahl. Welche Zahl ist es?

f) Der Quotient aus 200 und einer Zahl ist genauso groß wie das Produkt aus 4 und 5. Wie heißt die Zahl?

g) Die Summe zweier aufeinander folgender Zahlen ist 79. Um welche Zahlen handelt es sich?

h) Die Summe dreier aufeinander folgender Zahlen ist 138. Welche Zahlen sind gemeint?

i) Die Summe zweier aufeinander folgender Zahlen aus der Siebenerreihe ist 357. Wie lauten die Zahlen?

j) Die Summe dreier aufeinander folgender Zahlen aus der Fünferreihe ist 135. Welche Zahlen sind es?

2.10 Textaufgaben Altersrätsel

Aufgaben

a) Petra ist fünf Jahre älter als Jakob. Zusammen sind sie 21 Jahre alt. Wie alt ist Jakob, wie alt ist Petra?

b) Bernds Vater ist dreimal so alt wie Bernd. Zusammen sind sie 52 Jahre alt. Wie alt ist Bernd, wie alt ist sein Vater?

c) Herr Müller ist doppelt so alt wie sein Sohn. Zusammen sind sie 81 Jahre alt. Wie alt ist der Sohn, wie alt der Vater?

d) Linda ist drei Jahre jünger als ihre Schwester Maike. Zusammen sind sie 19 Jahre alt. Wie alt sind die beiden Kinder?

e) Herr Bauer ist zehnmal so alt wie sein Enkel Florian. In vier Jahren sind sie zusammen 85 Jahre alt. Wie alt sind die Beiden?

f) Frau Müller ist dreimal so alt wie ihr Sohn Lukas. In 14 Jahren ist sie nur noch doppelt so alt wie ihr Sohn. Wie alt ist Lukas, wie alt seine Mutter?

g) Heute ist Frau Schober dreimal so alt wie Sabine. Vor fünf Jahren waren beide zusammen 50 Jahre alt. Wie alt sind die Beiden heute?

h) Eine Mutter ist dreimal so alt wie ihre Tochter. In sechs Jahren wird sie fünfmal so alt sein, wie die Tochter vor sechs Jahren war.

2.11 Mischungsaufgaben

Aufgaben

a) Wie hoch ist der Prozentgehalt einer Alkoholmischung, die aus 20l 60-prozentigem und 30l 80-prozentigem Alkoholgehalt hergestellt ist?

b) Eine Drogeriehandlung soll 100 Liter 75-prozentigen Spiritus liefern. Die Handlung hat jedoch nur 60-prozentigen Spiritus und 80-prozentigen Spiritus. Wie viel Liter der beiden Sorten müssen gemischt werden?

c) In einer Teehandlung werden zwei Sorten Tee, 25 kg zu 21 € pro Kilogramm und 15 kg zu 27 € pro Kilogramm, gemischt.
Welchen Kilopreis hat die Mischung?

d) Mischt man 5 Liter 75-prozentigen Alkohol mit 10 Litern einer anderen Sorte, so erhält man 80-prozentigen Alkohol. Welchen Alkoholgehalt hat die andere Alkohol-Sorte?

2.12 Bewegungsaufgaben

Aufgaben

a) Zwei Flugzeuge starten gleichzeitig in Hamburg und München. Die Entfernung beträgt ca. 620 km. Das aus Hamburg kommende Flugzeug fliegt mit einer Geschwindigkeit von 450 km/h, das Flugzeug aus München mit einer Geschwindigkeit von 480 km/h. Nach welcher Zeit fliegen sie aneinander vorbei?

b) Jens und Petra wohnen 20 km voneinander entfernt. Sie fahren sich mit dem Fahrrad entgegen, Jens fährt mit einer Geschwindigkeit von 15 km/h und Petra mit einer Geschwindigkeit von 10 km/h. Nach welcher Zeit treffen sie sich, wenn sie gleichzeitig zuhause starten?

c) Ein Wanderer geht mit einer Geschwindigkeit von 5 km/h. Ein Radfahrer folgt ihm nach 2 Stunden. Er fährt mit einer Geschwindigkeit von 20 km/h. Wie lange braucht der Radfahrer, um den Wanderer einzuholen? Welche Strecke haben beide bis zum Treffpunkt zurückgelegt?

d) Herr und Frau Müller besuchen Freunde in Bremen. Herr Müller fährt eine Stunde früher los als seine Frau. Er fährt mit einer Geschwindigkeit von 90 km/h, seine Frau mit einer Geschwindigkeit von 120 km/h. Sie kommen gleichzeitig an. Wie lange sind beide unterwegs? Wie weit ist Bremen von zu Hause entfernt?

3 Ungleichungen lösen

Ungleichungen löst man prinzipiell wie Gleichungen, mit einem wichtigen Unterschied!

Wir betrachten ein Beispiel: $-x > 2$

Multiplizieren wir mit (-1): $-x > 2 \mid \cdot (-1)$
so ist die Lösung nicht $x > -2$
sondern: $x < -2$

Das Ungleichzeichen dreht sich um! Wenden wir anstelle der Multiplikation die Addition und Subtraktion an:

$$
\begin{aligned}
& -x > 2 && \mid +x \\
\Leftrightarrow \quad & 0 > 2 + x && \mid -2 \\
\Leftrightarrow \quad & -2 > x
\end{aligned}
$$

$-2 > x$ entspricht der Ausdruck $x < -2$.

Wichtige Regel:

Multiplizieren oder dividieren wir Ungleichungen mit -1 oder einer anderen negativen Zahl, so dreht sich das Ungleichzeichen um!

Als Lösungsmenge geben wir bei Ungleichungen immer ein Intervall an, in unserem Beispiel: $L =]-\infty; -2[$

<u>Die Intervallschreibweise:</u>

Geschlossene Intervalle enthalten die Zahlen an den Grenzen!
$I_1 = [-4\,;\,4]$ Das geschlossene Intervall von -4 bis 4 enthält auch -4 und 4!

Offene Intervalle enthalten die Zahlen an den Grenzen NICHT!
$I_2 =]\,3\,;\,+\infty\,[$ Das offene Intervall von 3 bis unendlich enthält nicht 3.
$\pm$**Unendlich wird immer mit der offenen Klammer geschrieben!**

Halboffene Intervalle enthalt$\boldsymbol{I_2} = [0\,;\,+\infty\,[$
Das halboffene Intervall von 0 bis unendlich enthält die Zahl 0. $+\infty$ ist die offene Grenze!

3.1 Einfache Ungleichungen ohne negative Multiplikation/Division

Aufgabe 1

a) $5x > 10$

b) $4x > 16$

c) $3x < 12$

d) $20 < 5x$

e) $7x > 28$

f) $54 > 9x$

g) $10x < 20$

h) $36 < 12x$

i) $2x > 0$

j) $24x > 48$

Aufgabe 2

a) $2x + 5 < 13$

b) $4x - 16 > 0$

c) $12x - 7 > 5$

d) $25x + 50 < 100$

e) $21 + x > 25$

f) $13x > 5x + 24$

g) $15 - x < 0$

h) $11 - x > 5$

i) $1 + 3x > 22$

j) $17 + 2x < 21$

k) $4x + 5 > 25$

l) $60 - 3x < x$

m) $x - 1 > 5$

n) $81 + x > 10x$

o) $3x + 7 > 19$

p) $64x + 10 > 90$

q) $44 < x + 11$

r) $7x + 14 > 28$

s) $57 - x > 20$

t) $26 - 13x > 0$

Aufgabe 3

a) $3x - 7 < 2x + 1$

b) $17x + 15 > 11x + 75$

c) $14 + x > 3x - 4$

d) $4 \cdot (x - 5) > 20$

e) $x + 20 + 3x > 40$

f) $x \cdot (7 + 5) > 24$

g) $9x - 18 < 6x$

h) $7 \cdot (7 + x) - 40 < 16$

i) $14 + 25x < 26 + 21x$

j) $3 \cdot (3x + 5) - 10 > 14$

Aufgabe 4

a) $\frac{1}{4}x > 1$

b) $\frac{3}{5}x < 6$

c) $\frac{1}{2}x - 4 < 2$

d) $\frac{2}{3}x < 2$

e) $\frac{5}{8}x > 10$

f) $\frac{7}{9}x + 1 > 15$

g) $\frac{4}{7}x > 8$

h) $\frac{1}{3}x + 3 > 6$

i) $\frac{5}{2}x - 4 > 1$

3.2 Einfache Ungleichungen mit negativer Multiplikation/Division

Aufgabe 1

a) $-5x + 20 > 50$

b) $4x > -20$

c) $-3x > 21$

d) $-80 < -4x$

e) $4x > -56$

f) $36 > -9x$

g) $-5x > 75$

h) $6x < -24$

i) $-9x < 0$

j) $-32x < 64$

Aufgabe 2

a) $-2x + 3 < 11$

b) $-4x - 20 < 0$

c) $-12x - 7 > 17$

d) $-25x + 25 > -200$

e) $21 - x > -45$

f) $-13x > 2x + 30$

g) $-18 - x < 0$

h) $17 - x < -3$

i) $1 - 3x > -20$

j) $13 - 2x < 23$

k) $-5x + 5 < -35$

l) $48 - 3x < x$

m) $x - 1 > 7$

n) $36 + x > 10x$

o) $-3x - 8 > -32$

p) $64x + 20 > -60$

q) $55 > -x + 11$

r) $-7x - 14 > -28$

s) $57 - x < 40$

t) $6 - 12x > 0$

Aufgabe 3

a) $-\frac{1}{7}x > 1$

b) $-\frac{5}{8}x > -25$

c) $\frac{2}{5}x < -2$

d) $-\frac{1}{3}x + 6 > 9$

e) $-\frac{4}{3}x > 8$

f) $-\frac{3}{2}x + 2 > -10$

g) $\frac{6}{5}x < -12$

h) $-\frac{7}{9}x - 1 < -15$

4 Lineare Funktionen

4.1 Definitionen und Grundlagen

4.1.1 Definition

Die Funktion $f(x): x \longmapsto a \cdot x + b$ heißt **lineare Funktion** mit $a, b, x \in \mathbb{R}$. Jede lineare Funktion hat eine Gerade als Graph mit der **Steigung a** und dem **y-Achsenabschnitt b**. Zu einer linearen Funktion $f(x)$ gehört die Funktionsgleichung $\boldsymbol{f(x) = a \cdot x + b}$ oder auch $\boldsymbol{y = a \cdot x + b}$. Manchmal werden auch die Buchstaben m für die Steigung und n für den y-Achsenabschnitt verwendet.

Beispiel: Eine lineare Funktion mit der Funktionsgleichung $f(x) = 2 \cdot x + 1$ hat als Graph die Gerade mit der Steigung $a = 2$ und scheidet die y-Achse bei $y = 1$.

Proportionale Funktion
Die Funktion $f(x) = a \cdot x$ heißt **proportionale Funktion**. Sie verläuft durch den Ursprung. Der Graph der Funktion wird auch „Ursprungsgerade" genannt.

Konstante Funktion
Die Funktion $f(x) = b$ heißt konstante Funktion. Der Graph der Funktion ist eine Parallele zur x-Achse. Diese Parallele verläuft durch den Punkt b auf der y-Achse.

4.1.2 Bestimmung der Steigung aus den Koordinaten von zwei Punkten

Die Steigung a aus zwei Punkten $P(x_1 \mid y_1)$ und $Q(x_2 \mid y_2)$ bestimmt man mit der Steigungsformel:

$$a = \frac{y_2 - y_1}{x_2 - x_1}$$

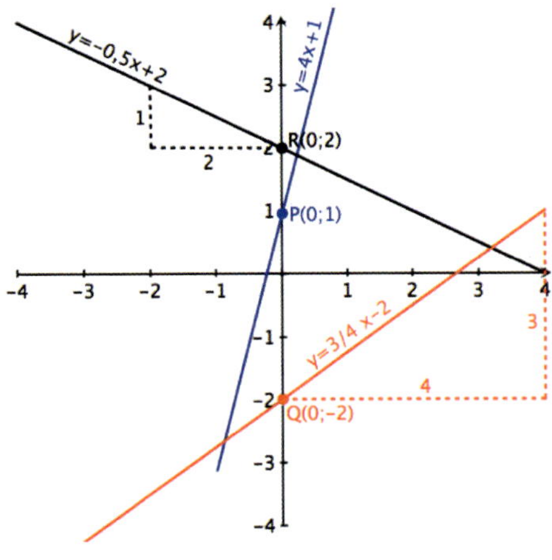

Achte hierbei immer auf die Vorzeichen! Minus mal Minus wird PLUS!

Beispiel: Die Gerade durch die Punkte $P(1 \mid 1)$ und $Q(5 \mid 3)$ hat die Steigung:

$$a = \frac{3-1}{5-1} = \frac{2}{4} = \frac{1}{2}$$

4.1.3 Schnittpunkt von Geraden bestimmen

Man bestimmt den Schnittpunkt von zwei Geraden, indem man die beiden Funktionsgleichungen gleichsetzt und diese Gleichung dann löst.

Beispiel: $f(x) = 2 \cdot x + 1,\ g(x) = -x - 2$

Setze beide Funktionen gleich: $2 \cdot x + 1 = -x - 2$
Löse nach x auf: $3x = -3 \quad \Leftrightarrow \quad x = -1$

Der Schnittpunkt befindet sich bei $x = -1$. Setzen wir den x-Wert in eine der beiden Funktionsgleichungen ein, erhalten wir den y-Wert des Schnittpunktes:

$$y = 2 \cdot (-1) + 1 = -1$$

4.2 Aufgaben: Steigung und y-Achsenabschnitt erkennen

Aufgaben

Bestimme die Steigung der Geraden aus den Schaubildern und lies jeweils den y-Achsenabschnitt ab.

a)

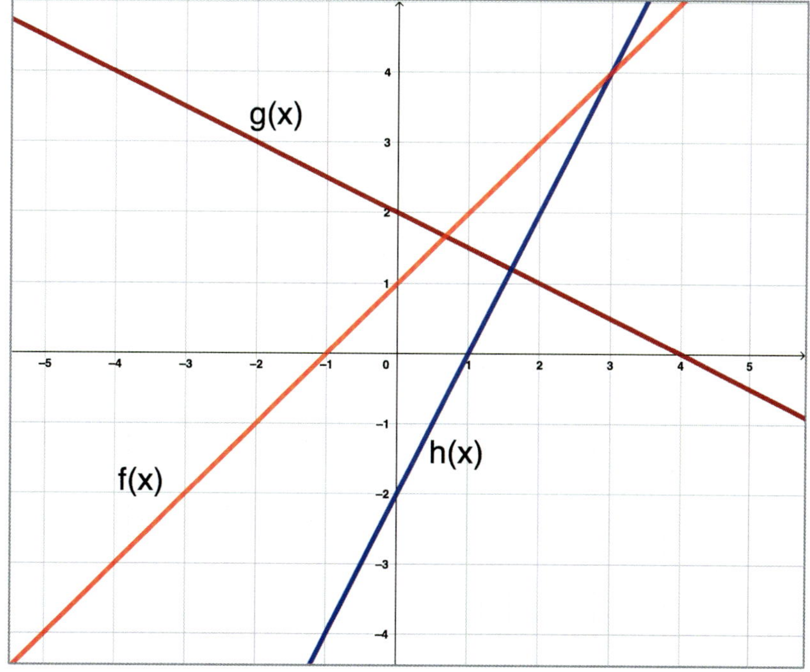

b)

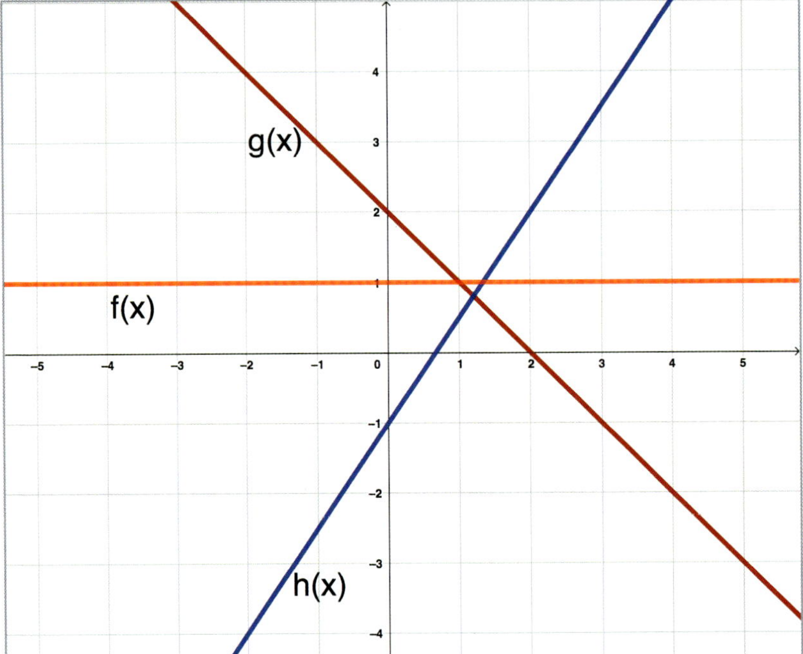

c)

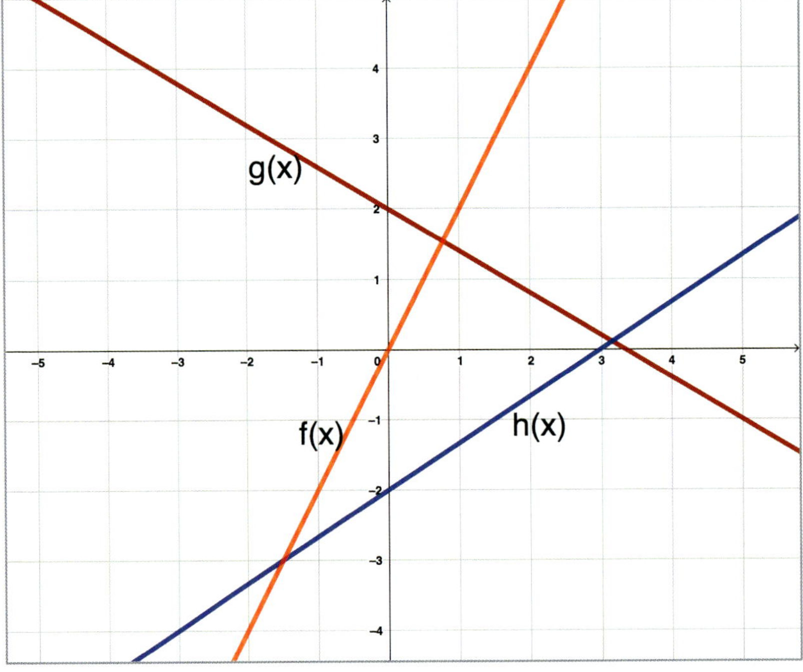

d)

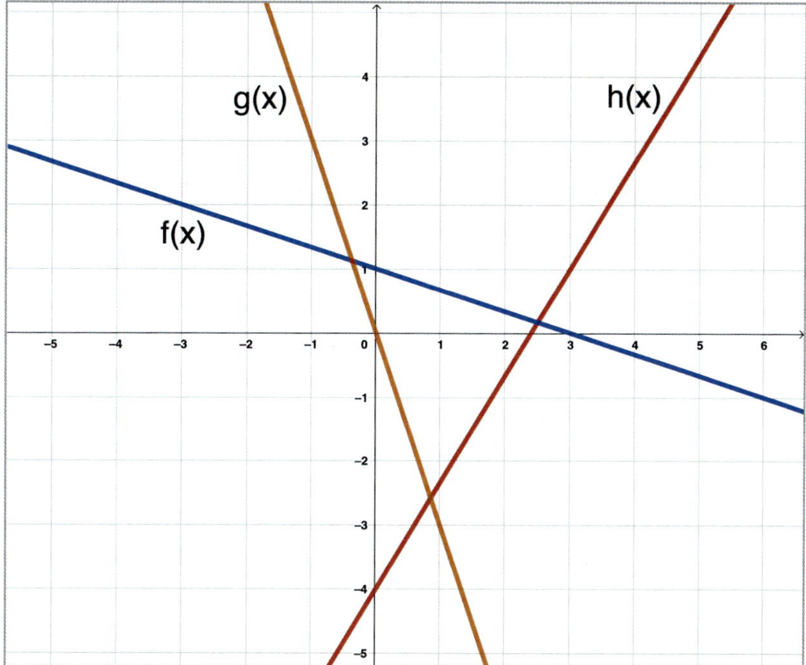

e)

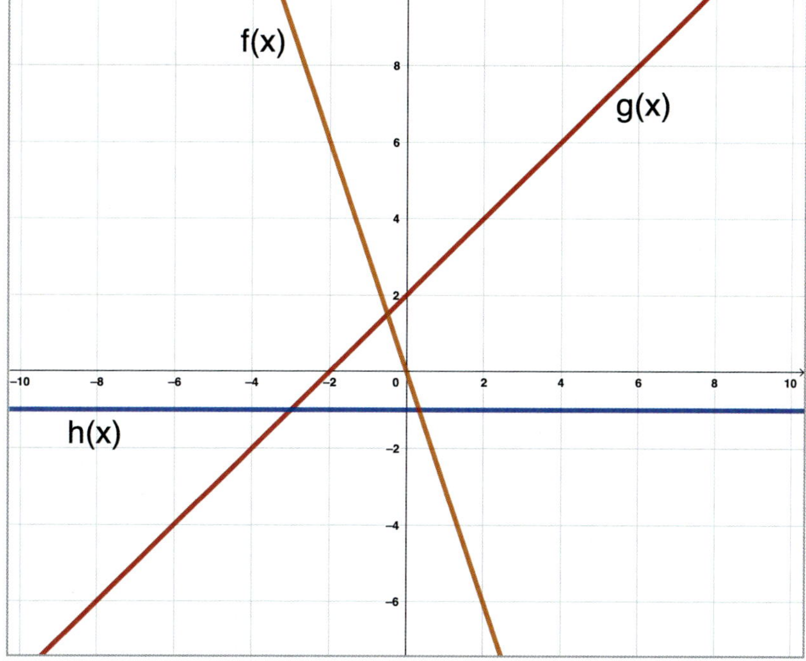

4.3 Aufgaben: Funktionen richtig zeichnen

Aufgaben

Zeichne die folgenden linearen Funktionen in ein Koordinatensystem!

a) $f(x) = -3x + 3$ b) $f(x) = 4$ c) $f(x) = -1{,}5x - 3{,}5$

d) $f(x) = \frac{3}{2}x + 2$ e) $f(x) = 4x$ f) $f(x) = \frac{1}{6}x + \frac{1}{2}$

g) $f(x) = -\frac{1}{2}x - 1$ h) $f(x) = x + 2{,}5$ i) $f(x) = -\frac{3}{7}x - 4$

4.4 Funktionsgleichung aus Punkt und Steigung (Punkt-Steigungsform)

Aufgaben

Bestimme die Funktionsgleichung aus den folgenden Angaben.

a) $P(1 \mid 1)$, Steigung $a = -2$ b) $T(6 \mid 4)$, Steigung $a = 4$

c) $Q(3 \mid 0)$, Steigung $a = 1$ d) $U(0 \mid 1)$, Steigung $a = \frac{2}{5}$

e) $R(-2 \mid 1)$, Steigung $a = 1{,}5$ f) $V(-1 \mid 6)$, Steigung $a = -3$

g) $S(-1 \mid 4)$, Steigung $a = 0$ h) $W(4 \mid 0)$, Steigung $a = \frac{7}{4}$

4.5 Funktionsgleichung aus zwei Punkten (Zweipunkteform)

Aufgaben

Bestimme die Funktionsgleichung aus den folgenden Angaben.

a) $P(2 \mid 2), Q(5 \mid 5)$ b) $T(-1 \mid -4), U(7 \mid 0)$

c) $A(2 \mid 1), B(6 \mid -2)$ d) $C(-2 \mid 2), D(8 \mid -3)$

e) $R(-3 \mid 2), S(3 \mid 2)$ f) $E(1 \mid 8), F(0 \mid 9)$

g) $V(0 \mid 5), W(5 \mid 0)$ h) $G(-4 \mid 0), H(0 \mid 2)$

4.6 Wertetabellen von linearen Funktionen

Aufgaben

a) Vervollständige die unvollständige Wertetabelle im Heft, die zu einer **proportionalen** Funktion gehört. Gib die dazugehörige Funktionsvorschrift an!

i)

x	-4	-1	0	2	4
$f(x)$				4	

ii)

x	1	2	3	4	5
$f(x)$			9		

b) Vervollständige die unvollständige Wertetabelle im Heft, die zu einer **konstanten** Funktion gehört. Gib die dazugehörige Funktionsvorschrift an!

i)

x	-4	-1	0	2	4
$f(x)$		3			

ii)

x	1	2	3	4	5
$f(x)$					2

c) Vervollständige die unvollständige Wertetabelle im Heft, die zu einer **linearen Funktion** gehört. Gib die dazugehörige Funktionsvorschrift an!

i)

x	0	1	2	3	4
$f(x)$	2	3			

ii)

x	0	2	4	6	8
$f(x)$		4	8		

d) Erstelle jeweils eine Wertetabelle für die folgenden Funktionen. Wähle x-Werte von 0 bis 10 mit der Schrittweite 1.

i) $f(x) = 2x + 1$

ii) $f(x) = \frac{4}{3}x - 2$

iii) $f(x) = -1 + \frac{2}{3}x$

iv) $f(x) = 3 - x$

4.7 Lineare Funktionen in Textaufgaben

Aufgabe 1

In den USA misst man die Temperatur in Grad Fahrenheit (°F). Für die Umrechnung in Grad Celsius (°C) ist bekannt, dass der Gefrierpunkt 0°C = 32°F ist und der Siedepunkt 100°C = 212°F ist. Erstelle die Umrechnungsgleichung und wandle die folgenden Temperaturen um:

a) 15°C in °F

c) 120°F in °C

b) -20°C in °F

d) 170°F in °C

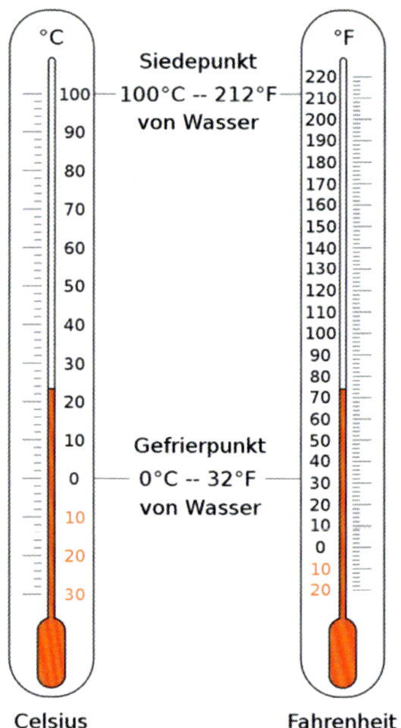

Bild: https://commons.wikimedia.org/wiki/File:Thermometer_CF-de.svg

Aufgabe 2

Eine Badewanne hat ein Fassungsvermögen von 120 Litern. Es fließen gleichmäßig 6 Liter Wasser pro Minute in die Wanne. Zum Zeitpunkt $t = 0$ sind bereits 24 Liter Wasser in der Wanne.

Erstelle eine Funktionsgleichung, die den Füllstand in Abhängigkeit der Zeit (in Minuten) beschreibt. Nach wie vielen Minuten ist die Wanne mit 100 Litern gefüllt, wann würde die Wanne überlaufen?

Aufgabe 3

Peter fährt mit seinem Fahrrad die 5 km von der Schule nach Hause mit einer Durchschnittsgeschwindigkeit von 12 km/h. Wie lange braucht er dafür? Nach 5 min fängt es an zu regnen. Wie weit ist es noch nach Hause?

Aufgabe 4

Die jährliche Stromrechnung setzt sich zusammen aus einer Grundgebühr für den Zähler und einer verbrauchsabhängigen Gebühr von 40 Cent pro verbrauchter kWh (Kilowattstunde). Die Grundgebühr beträgt 11 € pro Monat.

a) Stelle eine Funktionsgleichung für den Jahresverbrauch auf. Der Jahresverbrauch sei die Variable x in der Einheit kWh.

b) Berechne die Kosten in einem Jahr bei einem Jahresverbrauch von 2400 kWh.

5 Lineare Gleichungssysteme

5.1 Praktische Anwendung / Definitionen

Die lineare Gleichung mit 2 Variablen $ax + by + c = 0$ mit $a, b, c, x, y \in \mathbb{R}$ lässt sich zur linearen Funktionsgleichung (Geradengleichung) umformen:

$$y = mx + n \quad \text{mit } m = -\frac{a}{b} \text{ und } n = -\frac{c}{b}.$$

Sie hat unendlich viele Lösungspaare $(x;\ y)$ und kann als Gerade dargestellt werden.

Zwei lineare Gleichungen mit 2 Variablen x und y nennt man **lineares Gleichungssystem mit 2 Variablen**. Das lineare Gleichungssystem hat genau 1 Lösungspaar (x; y), wenn die Geraden sich schneiden. Sind die Geraden parallel zueinander, dann hat das System keine Lösung. Sind beide Geraden identisch, dann gibt es unendlich viele Lösungspaare.

Praxisbeispiel

Eine Privat-Disco ist angesagt! Petra lädt ihre Freunde ein, 5 Mädchen und 3 Jungs. Die Mädchen trinken zusammen doppelt so viel Cola wie die Jungs, aber essen gleich viele Donuts. Insgesamt werden 21 Cola verbraucht. Wie viele Cola trinkt durchschnittlich ein Mädchen bzw. ein Junge?

Lösung

Wir setzen x für die Anzahl der von einem Mädchen getrunkenen Cola und y entsprechend für einen Jungen.
Dann gilt: $6x + 3y = 27.$

Da die 3 Jungs halb so viel Cola trinken wie die Mädchen gilt ebenso: $3y = \frac{1}{2} \cdot 6x$.

Dies sind 2 lineare Gleichungen mit 2 Variablen. Wir können sie als Funktionsgleichungen schreiben und als Geraden in einem Koordinatensystem darstellen; dazu werden die Gleichungen zur besseren Übersicht nummeriert:

(I) $6x + 3y = 27$ | $- 6x$

(II) $3y = \frac{1}{2} \cdot 6x$ | $: 3$

(I) $3y = 27 - 6x$ $\quad | : 3$

(I) $y = 9 - 2x$

(II) $y = x$

Die beiden Geraden schneiden sich im Punkt (3; 3).

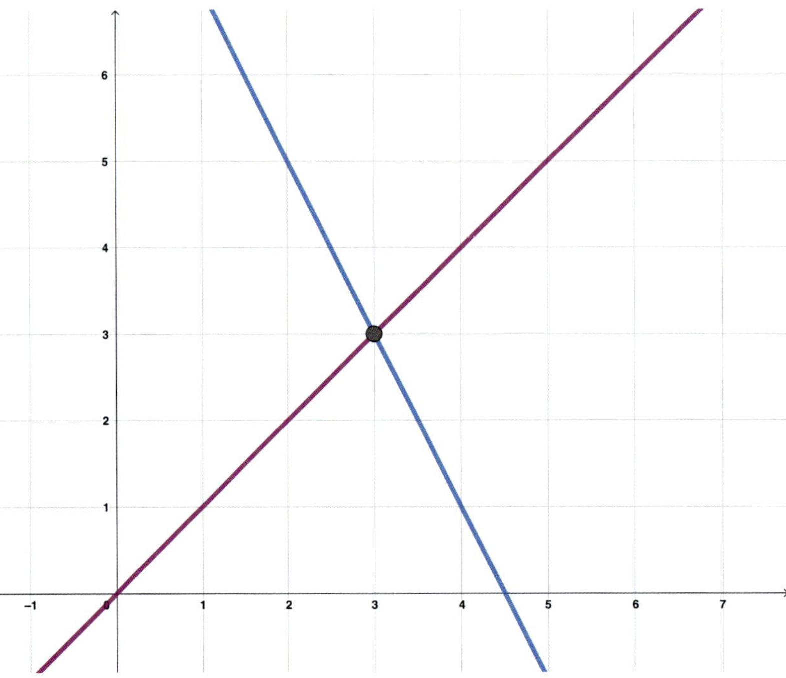

Damit ergibt sich als Antwort für unser Beispiel: Jeder Junge und jedes Mädchen trinken durchschnittlich 3 Cola.

Merke:
Zwei lineare Gleichungen mit 2 Variablen x und y nennt man lineares Gleichungssystem mit 2 Variablen. Das lineare Gleichungssystem hat genau ein Lösungspaar (x; y), wenn die Geraden sich schneiden. Sind die Geraden parallel zueinander, dann hat das System keine Lösung. Sind beide Geraden identisch, dann gibt es unendlich viele Lösungspaare.

5.2 Grafische Lösung

Aufgaben

Bestimme Die Lösung der Gleichungssysteme grafisch durch Zeichnen der Geraden in ein Koordinatensystem.

a)

(I) $y = 2x + \frac{1}{2}$

(II) $y = -4x - 4$

b)

(I) $y = 2x + 2$

(II) $y = 3$

c)

(I) $y = 2x + \frac{1}{2}$

(II) $y = 2x + 2$

5.3 Gleichsetzungsverfahren

Merke:
Um das Gleichsetzungsverfahren zur Lösung eines linearen Gleichungssystems einsetzen zu können muss in beiden Gleichungen derselbe Term mit derselben Variablen auf einer Seite der Gleichungen stehen.

Beispiel

(I) $y = 9x$

(II) $y = 7x + 24$

(I) = (II): $9x = 7x + 24 \quad | - 7x$ **Hier wird gleichgesetzt!**

$2x = 24 \quad | : 2$

$x = 12$

$y = 9 \cdot x = 9 \cdot 12 = 108$

$L = \{12;\ 108\}$

Aufgaben
Löse mit dem Gleichsetzungsverfahren.

a)

(I) $y = 2x + \frac{1}{2}$

(II) $y = -4x - 4$

b)

(I) $\frac{2}{3}y + 1 = 3x$

(II) $-\frac{4}{3}y = 3x$

c)

(I) $y = 3x - 2$

(II) $y = 6x + 22$

d)

(I) $x = 2 + 5y$

(II) $x = 3y - 2$

e)

(I) $2x - y = 0$

(II) $y = \frac{1}{2}x + 5$

f)

(I) $3y = 9x - 12$

(II) $3y = 6x + 3$

g)

(I) $y + 3 = 0{,}25x + 4$

(II) $y + 3 = 0{,}3x + 7$

h)

(I) $x = -\frac{5}{3}y + 10$

(II) $x = \frac{4}{3}y + 1$

5.4 Einsetzungsverfahren

Merke:
Das Einsetzungsverfahren zur Lösung eines linearen Gleichungssystems kann dann sinnvoll verwendet werden, wenn eine der beiden Gleichungen eine alleinstehende Variable enthält oder einfach in diese Form gebracht werden kann.

Beispiel:

(I) $y = -x + 45$

(II) $4x + 2y = 142$

Wenn nun $y = -x + 45$ in (II) eingesetzt wird, erhalten wir eine Gleichung mit nur einer Variablen:

(III) $4x + 2 \cdot (-x + 45) = 142$ | ausklammern

$4x - 2x + 90 = 142$ | zusammenfassen

$2x = 52$ | : 2

$x = 26$

x in (I) eigesetzt ergibt: $y = -26 + 45 = 19.$

$$\mathrm{L} = \{26;\ 19\}$$

Aufgaben

Löse mit dem Einsetzungsverfahren.

a)

(I) $2y - 3x - 2 = -4x$

(II) $y = x + 2$

b)

(I) $\frac{2}{3}x - 2 = 5y$

(II) $x = 3 \cdot (y - 2)$

c)

(I) $2x - y = 0$

(II) $y = \frac{1}{2}x + 5$

d)

(I) $7y + 3x = 9y - 12$

(II) $3x = 6y + 3$

e)

(I) $y + 37 = x + 4$

(II) $2y + 99 - x = 0$

f)

(I) $\frac{1}{3}x - \frac{5}{3}y + \frac{1}{3} = \frac{2}{3}x$

(II) $x - 1 = \frac{5}{3}y$

5.5 Additionsverfahren

Merke:
Um das Additionsverfahren zur Lösung eines linearen Gleichungssystems anzuwenden, ist es notwendig, dass durch Addition oder Subtraktion der beiden Gleichungen eine der beiden Variablen wegfällt.

Beispiel

(I) $2x + 3y = 29{,}5$
(II) $x + y = 12{,}5$

Wenn wir durch Addition oder Subtraktion beider Gleichungen in der ersten Gleichung einen Faktor, zum Beispiel 2x „wegmachen" könnten, dann erhalten wir eine Gleichung nur mit einer Variablen.

Multiplikation der 2.Gleichung mit 2 ergibt:

(III) $2x + 2y = 25$

Wir subtrahieren nun die 3. Gleichung von der 1.Gleichung: (III) – (I)

$2x + 3y - (2x + 2y) = 29{,}5 - 25$ I Klammer auflösen

$2x + 3y - 2x - 2y = 4{,}5$ I zusammenf.: $2x - 2x = 0, 3y - 2y = y$

$y = 4{,}5$

Den Wert für x erhält man durch Einsetzen von y in eine der ursprünglichen Gleichungen: $y = 4{,}5$ in (II) eingesetzt ergibt:

$$x = 12{,}5 - 4{,}5 = 8$$

$$L = \{8;\ 4{,}5\}$$

Aufgaben

Löse mit dem Additionsverfahren.

a)

(I) $x + y = 8$
(II) $x - y = 4$

b)

(I) $7x + 5y = 10$
(II) $-7x + 5y = -10$

c)

(I) $2x - y = 0$
(II) $4x - y = 2$

d)

(I) $7y + 3x = -12$
(II) $6y + 6x = -8$

e)

(I) $y + 21 = 6x - 9$
(II) $\frac{1}{3}y - 38 - x = 0$

f)

(I) $3\left(x - \frac{5}{3}\right) - \frac{1}{3} = y + \frac{2}{3}$
(II) $x - 1 = \frac{5}{3}y$

5.6 Gemischte Aufgaben

Aufgabe 1

Wie viele Lösungen hat das Gleichungssystem?

a)

(I) $x + y = 8$
(II) $-2x + 2y = -16$

b)

(I) $7x + 5y = 10$
(II) $-70x - 50y = -100$

c)

(I) $2x = 6y + 22$
(II) $2x = 6y - 23$

d)

(I) $2y = 4x$
(II) $y = -2x + 4$

Aufgabe 2

Prüfe, ob das Lösungspaar $L = \{\, x\,;\ y\}$ eine Lösung des Gleichungssystem ist.

a)

(I) $-x + 2y = 2$

(II) $2\text{x} + 2\text{y} = -1$

Lösung $L = \{1;\ 0{,}5\}$

b)

(I) $x + 5y = 10$

(II) $2x = 6y - 2$

Lösung $L = \left\{\frac{25}{8};\ \frac{11}{8}\right\}$

c)

(I) $0{,}1235\,x + 0{,}25\,y = 0{,}25$

(II) $27{,}77\,x + 0{,}25\,y = 0{,}25$

Lösung $L = \{\,0\,;1\}$

6 Binomische Formeln

6.1 Wie kommt man zu den binomischen Formeln

Die Binomischen Formeln lassen sich anschaulich geometrisch über Flächen darstellen und herleiten. **Beachte, dass bei den Herleitungen für die erste und zweite binomische Formel die Seitenlängen a jeweils verschiedene Längen haben!**

Natürlich können wir die binomischen Formeln einfach über das Ausmultiplizieren der quadratischen Terme berechnen. Dann sehen wir aber noch nicht den anschaulichen Zusammenhang über Quadrate und Rechtecke, die durch die Produkte der beiden Variablen a und b gegeben werden.

In einer Übersicht

Die erste binomische Formel:	$(a+b)^2 = a^2 + 2ab + b^2$
Die zweite binomische Formel:	$(a-b)^2 = a^2 - 2ab + b^2$
Die dritte binomische Formel:	$(a+b)\cdot(a-b) = a^2 - b^2$

6.1.1 1. Binomische Formel

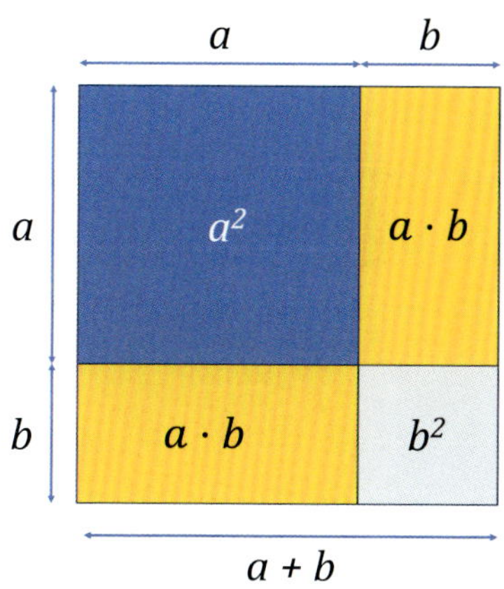

$a^2 \quad + \quad 2ab \quad + \quad b^2$

a^2 | $a \cdot b$ | $a \cdot b$ | b^2

$$(a+b)^2 = a^2 + 2ab + b^2$$

6.1.2 2. Binomische Formel

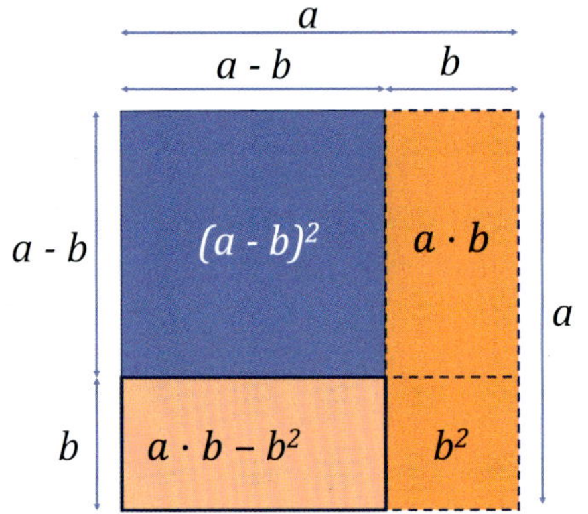

$$a^2 = (a-b)^2 + ab + ab \; - b^2$$

$(a - b)^2$ $a \cdot b$ $a \cdot b$ b^2

$$(a-b)^2 = a^2 - ab - (ab - b^2)$$

$$(a-b)^2 = a^2 - 2ab + b^2$$

6.1.3 3. Binomische Formel

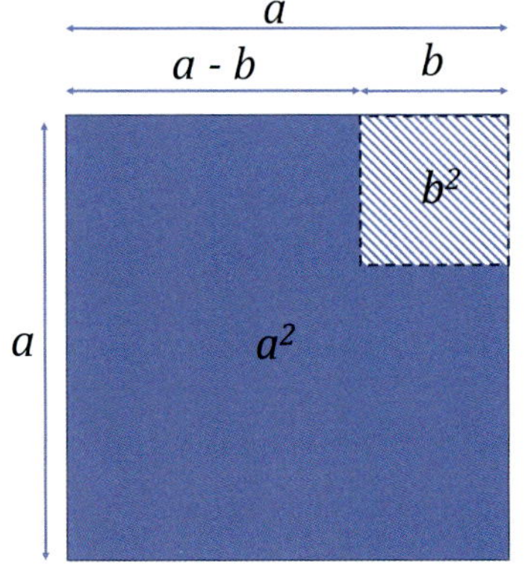

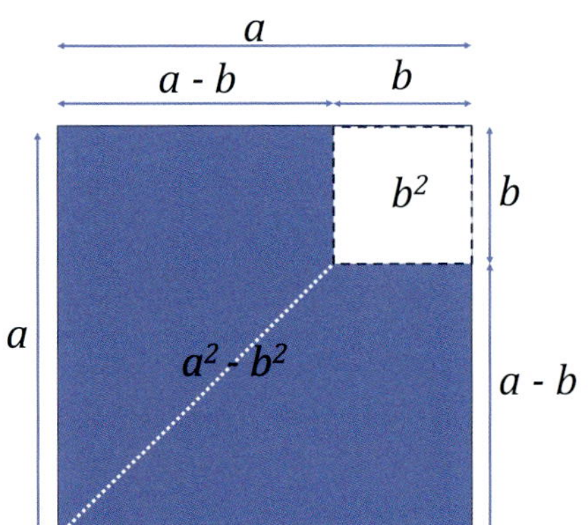

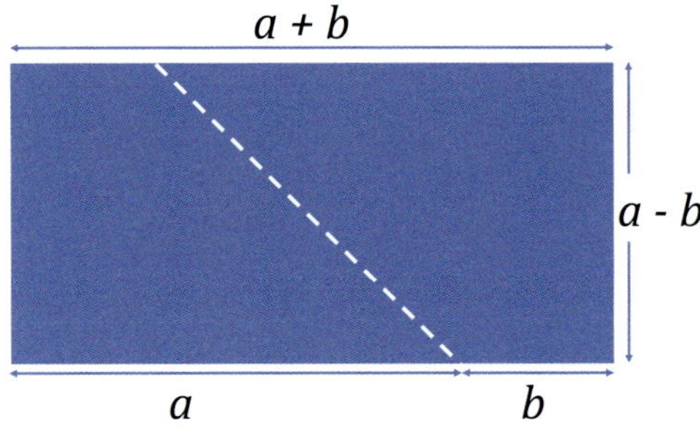

$$a^2 - b^2 = (a+b) \cdot (a-b)$$

6.2 Wozu braucht man die binomischen Formeln?

In der Mathematik werden binomische Formeln verwendet, um das Produkt von Summen- oder Differenztermen auszudrücken, wie z.B.: $(a+b)\cdot(a+b) = (a+b)^2$.

Diese Formeln benötigen wir in verschiedenen Bereichen der Mathematik, wie in der Algebra, später in der Analysis in der Oberstufe oder in der Trigonometrie.

1. Wir können Ausdrücke umformen, um komplexere Ausdrücke zu vereinfachen, indem man sie zu Potenzen umformt und dann leichter die Wurzel ziehen kann.

2. Binomische Formeln erlauben es, ein Produkt von Summen oder Differenzen in eine Summe von Produkten umzuwandeln. Dies ist hilfreich bei der Berechnung von quadratischen Termen.

3. Sie können dazu verwendet werden, um Ausdrücke zu faktorisieren und somit Polynome in ihre Faktoren zu zerlegen.

6.3 Einfache Aufgaben zur 1. binomischen Formel

Aufgaben

Multipliziere aus, indem du die erste binomische Formel verwendest!

a) $(x+3)^2$

b) $\left(\frac{1}{2}x+4\right)^2$

c) $(3x+y)^2$

d) $\left(\frac{3}{4}x+\frac{1}{2}y\right)^2$

e) $(x+z)^2$

f) $(0{,}2u+v)^2$

g) $(5+2b)^2$

h) $(0{,}25s+t)^2$

i) $(7a+8b)^2$

j) $\left(\frac{1}{8}a+\frac{3}{8}b\right)^2$

k) $(-2+y)^2$

l) $(0{,}4x+0{,}5y)^2$

6.4 Einfache Aufgaben zur 2. binomischen Formel

Aufgaben
Multipliziere aus, indem du die zweite binomische Formel verwendest!

a) $(x-2)^2$

b) $\left(\frac{1}{2}x-\frac{1}{4}y\right)^2$

c) $(2x-y)^2$

d) $(0{,}75x-0{,}4y)^2$

e) $(x-7z)^2$

f) $(0{,}1u-0{,}3v)^2$

g) $(4b-5)^2$

h) $(-0{,}25s-t)^2$

i) $(7a-3b)^2$

j) $\left(\frac{3}{8}a-\frac{1}{8}b\right)^2$

k) $(-8-y)^2$

l) $(0{,}4x-0{,}2y)^2$

6.5 Einfache Aufgaben zur 3. binomischen Formel

Aufgaben
Multipliziere aus, indem du die dritte binomische Formel verwendest!

a) $(x-y)\cdot(x+y)$

b) $(x^2-y)\cdot(x^2+y)$

c) $(2x-y)\cdot(2x+y)$

d) $(x+0{,}7y^2)\cdot(x-0{,}7y^2)$

e) $(4y+z)\cdot(4y-z)$

f) $(0{,}01u-3v)\cdot(0{,}01u+3v)$

g) $(0{,}2x+0{,}5y)\cdot(0{,}2x-0{,}5y)$

h) $\left(\frac{3}{100}u-10v\right)\cdot\left(\frac{3}{100}u+10v\right)$

i) $\left(\frac{1}{2}x-\frac{3}{4}y\right)\cdot\left(\frac{1}{2}x+\frac{3}{4}y\right)$

j) $(10b+0{,}7a)\cdot(0{,}7a-10b)$

k) $(-8x-4y)\cdot(-8x+4y)$

l) $(0{,}25u-2{,}5v)\cdot(2{,}5v+0{,}25u)$

6.6 Binomische Formeln gemischt

Aufgaben

Wende die binomischen Formeln an, um in einem Schritt auszumultiplizieren!

a) $(x^2 - y^3) \cdot (x^2 + y^3)$

b) $(x^2 - 2y^2)^2$

c) $(0{,}2x - y^2)^2$

d) $(7x + 0{,}7)^2$

e) $(3z + 4y) \cdot (4y - 3z)$

f) $(0{,}1u - 300v) \cdot (0{,}1u + 300v)$

g) $(0{,}1x + 0{,}2y) \cdot (0{,}1x + 0{,}2y)$

h) $\left(\frac{3}{10}u - 0{,}7v\right)^2$

i) $\left(\frac{3}{2}x - \frac{2}{3}y\right) \cdot \left(\frac{3}{2}x - \frac{2}{3}y\right)$

j) $(1{,}7b - 1{,}6a)^2$

k) $(-0{,}2x^2 - 2y^2)^2$

l) $(25r + 2{,}5)^2$

6.7 Nicht immer sind es binomische Formeln!

Aufgaben

Wende binomische Formeln an wo es möglich ist, ansonsten multipliziere aus!

a) $(x - y) \cdot (x + 2y)$

b) $(x^2 - 2y^2)^2$

c) $3 \cdot (2x + 3)^2$

d) $(4a + 3) \cdot (8a + 6)$

e) $(2u + 2v) \cdot (2u - v)$

f) $(8t - 3k) \cdot (8t + 3k)$

g) $(0{,}1x + 0{,}2y) \cdot (x + 2y)$

h) $(20n - 2m) \cdot (2n + 0{,}2m)$

i) $\left(0{,}5x - \frac{8}{4}y\right) \cdot \left(\frac{1}{2}x - 2y\right)$

j) $(0{,}6p - 6q)^2$

k) $(-0{,}9x + y)^2$

l) $(800c - 300v) \cdot (3v + 8c)$

6.8 Fehler in binomischen Formeln erkennen

Aufgaben

Finde einen oder mehrere Fehler! Markiere den fehlerhaften Teil des Terms, wenn ein Fehler vorliegt und notiere den Term, wie er korrekt lauten müsste!

a) $x^2 - 6 = (x - 3) \cdot (x + 3)$

b) $(u^2 - 4v^2)^2 = u^4 - 8u^2v^2 + 4v^4$

c) $(x - 4)^2 = x^2 - 4x + 16$

d) $(4a + 3) \cdot (4a - 3) = 8a^2 - 9$

e) $y^2 - 10 = (y - 5) \cdot (y + 5)$

f) $(t - 2k) \cdot (t + 2k) = t^2 + 4k^2$

g) $(a + 1{,}5)^2 = a^2 + 3a + 1{,}5$

h) $20n^2 - 8nm + 0{,}4m^2 = (2n - 0{,}2m)^2$

i) $(2b + c)^2 = 2b^2 + 4bc + c^2$

j) $(0{,}4p - 4q)^2 = 1{,}6p^2 - 3{,}2pq + 16q^2$

k) $(-0{,}5x + y)^2 = 2{,}5x^2 - xy + y^2$

l) $(10c - 30v) \cdot (3v + c) = 10c^2 - 9v^2$

6.9 Binomische Formeln rückwärts

Aufgaben

Fasse die Terme so zusammen, dass ein binomischer Term entsteht. Möglicherweise musst du noch den einen oder anderen Trick zusätzlich anwenden!

a) $1{,}44x^2 + 7{,}2xy + 9y^2$

b) $98x^2 - 224xy + 128y^2$

c) $p^2 - \frac{1}{2}pq + \frac{1}{16}q^2$

d) $363u^2 - 432v^2$

e) $a^2 + 4ab + 4b^2$

f) $16x^2 - 1$

g) $c^2 - 16c + 64$

h) $k^2 - 0{,}64$

i) $36n^2 - 169$

j) $y^4 - 4$

k) $81k^2 - 54kp + 9p^2$

l) $25x^2 - 200x + 400$

6.10 Gleichungen mit Hilfe von binomischen Formeln lösen

Aufgaben

Löse die Gleichungen, indem du die binomischen Formeln rückwärts anwendest. Nutze anschließend die Nullproduktregel. Lösungsverfahren für allgemeine quadratische Gleichungen üben wir etwas später!

a) $x^2 - 36 = 0$

b) $x^2 - 24x + 144 = 0$

c) $x^2 - 8x + 16 = 0$

d) $(4a + 3) \cdot (8a + 6) = 0$

e) $4y^2 - 4 = 0$

f) $64t^2 - 9 = 0$

g) $a^2 + 3a + 2{,}25 = 0$

h) $400x^2 - 121 = 0$

i) $100a^2 - 400 = 0$

j) $49x^2 - 256 = 0$

k) $y^2 - 1{,}8y + 0{,}81 = 0$

l) $196 - 4x^2 = 0$

6.11 Noch mehr binomische Formeln rückwärts

Aufgaben

Fasse die Terme so zusammen, dass ein binomischer Term entsteht. Möglicherweise musst du noch den einen oder anderen Trick zusätzlich anwenden oder es geht gar nicht!

a) $256 - 4x^2$

b) $49x^2 - 98xy + 49y^2$

c) $x^2 - 2x + 1$

d) $289u^2 + 361v^2$

e) $625 - 150x + 9x^2$

f) $0{,}36 - 0{,}0144x^2$

g) $\frac{1}{16}a^2 + \frac{1}{2}a + 1$

h) $x^2 + y^2 - 2xy$

i) $28pq + 4p^2 + 49q^2$

j) $0{,}01m^2 + 0{,}09n^2 + 0{,}06mn$

k) $6{,}25 - 1{,}21x^2$

l) $\frac{49}{196}x^2 - \frac{36}{144}y^2$

7 Quadratische Terme faktorisieren

Nicht immer können quadratische Terme mit den binomischen Formeln vereinfacht werden. Es gibt zwei weitere Möglichkeiten in bestimmten Fällen, die wir hier üben wollen.

7.1 Ausklammern bei Polynomen

Enthalten Polynome nur Potenzen, so können wir mindestens x ausklammern. Dadurch können wir den Term vereinfachen und in Gleichungen oder bei der Suche nach Nullstellen haben wir bereits eine Lösung gefunden.

Beispiel 1

$$x^3 - 4x^2 + 4x = x \cdot (x^2 - 4x + 4)$$

Dadurch vereinfacht sich der Term und quadratische Terme können wir oft z.B. mit Hilfe der binomischen Formeln vereinfachen.

Aus unserem Beispiel wird so:

$$x^3 - 4x^2 + 4x = x \cdot (x^2 - 4x + 4) = x \cdot (x - 2)^2$$

Wäre das die Gleichung: $x^3 - 4x^2 + 4x = 0,$

könnten wir sofort durch Faktorisieren die Lösungen ablesen.

$x \cdot (x - 2)^2 = 0$ mit der Nullproduktregel führt zu:

$x_1 = 0, \; x_2 = 2, \; \mathcal{L} = \{0; 2\}.$

Weitere Beispiele

$$x^5 - 16x^3 = x^3 \cdot (x^2 - 16)$$

$$a^7 - 6a^6 + 9a^5 = a^5 \cdot (a^2 - 6a + 9) = a^5 \cdot (a - 3)^2$$

Aufgabe 1

Klammere so weit wie möglich aus – erinnere dich an die binomischen Formeln und vereinfache weiter, wenn möglich!

a) $3x^3 + 6x^2 - 9x$

b) $8xy - 4x^2 - 4y^2$

c) $12u^2 + 96uv + 192v^2$

d) $200ab^2 - 120ab + 18a$

e) $4\mathrm{y}^2 - 64$

f) $72x^2 - 48x + 8$

g) $8m^3 - 288m$

h) $400 - 16\mathrm{b}^2$

i) $2y^2 + 16y + 32$

j) $98\mathrm{x}^3 + 56\mathrm{x}^2 + 8\mathrm{x}$

k) $3x + 30xy + 75xy^2$

l) $81x^3 - 49x$

Aufgabe 2

Klammere aus und fasse zusammen, wenn möglich.

a) $x^5 + x^4 - 9x$

b) $y - 4y^2 - 2y^2$

c) $6u^2 + 66u$

d) $2ab^2 + a^2b^2 + b^2$

e) $16\mathrm{y}^2 - 64x^2$

f) $x^5y^2 - xy^3 + x^2y^3$

g) $8n^5 - 80n^4$

h) $32b^5 - 2^4\mathrm{b}^4$

i) $4y^4 + 2y^2 + 2y$

j) $a^2c^3 + \mathrm{ac}^5 + \mathrm{a}^3\mathrm{c}^4$

k) $x^{10} + 3x^5 + 75x^4$

l) $15x^3 - 75x^2 + 30x^4$

7.2 Faktorisieren mit dem Satz von Vieta

Hierzu betrachten wir eine vereinfachte Form der quadratischen Gleichung:

$$ax^2 + bx + c = 0 \qquad (1)$$

Wir teilen den Rechenausdruck durch a und erhalten:

$$x^2 + \frac{b}{a}x + \frac{c}{a} = 0 \qquad (2)$$

Nun setzen wir: $\frac{b}{a} = p$ (3) und $\frac{c}{a} = q$ (4)

Wir erhalten eine neue quadratische Gleichung:

$$x^2 + px + q = 0 \qquad (5)$$

Wir wissen: **Ein Produkt ist genau dann null, wenn mindestens einer der beiden Faktoren null ist.** Dies nennt man auch **Nullproduktregel.**

Wir betrachten hierzu die Gleichung:

$$(x - n_1) \cdot (x - n_2) = 0 \qquad (6)$$

Diese hat folglich die die Lösungsmenge: $\mathcal{L} = \{n_1; n_2\}$.

Wir multiplizieren das Produkt (6) aus und erhalten:

$$x^2 - (n_1 + n_2) \cdot x + n_1 \cdot n_2 \qquad (7)$$

Nun stellen wir fest, dass die beiden Zahlen n_1 und n_2 die Gleichung lösen, wenn sie die folgenden beiden Bedingungen erfüllen:
$-(n_1 + n_2) = p$ (8) und $n_1 \cdot n_2 = q$ (9)

Dieser Zusammenhang wird im Satz von Vieta zusammengefasst:

Der Satz von Vieta:

Die Gleichung $x^2 + px + q = 0$ lässt sich umformen in $(x + a) \cdot (x + b) = 0$ mit $a \cdot b = q$ und $(a + b) = p$. Die Lösung der Gleichung lautet dann $\mathcal{L} = \{-a; -b\}$.

Hinweis: Um den Satz von Vieta zum Ausmultiplizieren oder Faktorisieren gut anwenden zu können, musst du mit natürlichen Zahlen sehr gut **Kopfrechnen können!**

Beispiel 1:

$$x^2 + 4x + 3 = 0 \quad \Leftrightarrow \quad (x + 1) \cdot (x + 3) = 0$$

Die Lösung der Gleichung lautet: $\mathcal{L} = \{-1; -3\}$.
Achte immer auf die Vorzeichen!

Beispiel 2:

$$2x^2 + 6x + 3 = -1$$

Wir formen um:

$\Leftrightarrow \quad 2x^2 + 6x + 4 = 0$ Division durch 2

$$\Leftrightarrow \quad x^2 + 3x + 2 = 0$$

damit ist: $p = 3, q = 2$

Wir können die Gleichung umformen in: $(x + 1) \cdot (x + 2) = 0$

Als Lösung erhalten wir: $\mathcal{L} = \{-1; -2\}$.

7.3 Aufgaben – Schnell ausmultiplizieren mit dem Satz von Vieta

Bevor wir mit dem Satz von Vieta faktorisieren, wollen wir mit den gelernten Regeln schneller ausmultiplizieren. Falls es noch schwerfällt oder der Satz von Vieta nicht anwendbar ist, kannst du auch mit einem Schritt mehr klassisch ausmultiplizieren!

Aufgaben

a) $(x-5)\cdot(x+3)$

b) $(x-0{,}1)\cdot(x+2{,}3)$

c) $(x-1)\cdot(x+2)$

d) $\left(x-\frac{1}{2}\right)\cdot\left(x+\frac{3}{4}\right)$

e) $(x-7)\cdot(x-3)$

f) $(x-1)\cdot\left(x+\frac{3}{8}\right)$

g) $(x+4)\cdot(x-2)$

h) $(x-1{,}1)\cdot(x+10)$

i) $(x+6)\cdot(x-4)$

j) $(x+y-4)\cdot(x-y+4)$

k) $(x-11)\cdot(x+5)$

l) $(x-2)\cdot(x^2-4x+4)$

7.4 Faktorisieren mit dem Satz von Vieta

Aufgaben

Zerlege in Faktoren! Vielleicht musst du vorher noch einen Teil ausklammern!

a) $x^2 - 5x - 6$

b) $x^2 + 1{,}6x + 0{,}64$

c) $x^2 + x - 6$

d) $40 - 14x + x^2$

e) $x^2 + 7x + 12$

f) $y^2 + 7x - 30$

g) $x^2 - 36$

h) $x^2 - 12x + 27$

i) $x^2 - 0{,}04$

j) $x^2 + 15x + 44$

k) $5x^2 + 40x + 35$

l) $u^2 + 14u - 51$

7.5 Quadratische Gleichungen lösen durch Faktorisieren

Aufgaben

Versuche durch Zerlegung in Linearfaktoren die folgenden Gleichungen zu lösen:

a) $x^2 - 5x + 6 = 0$

b) $2x^2 + 4x + 2 = 0$

c) $x^2 + 7x + 12 = 0$

d) $x^2 - 12x + 27 = 0$

e) $x^2 + 3x - 4 = 0$

f) $x^2 - 6x - 7 = 0$

g) $x^2 - 16 = 0$

h) $x^2 + 12x + 11 = 0$

i) $x^2 + 4 = 0$

j) $2{,}56x^2 - 16 = 0$

k) $5x^2 + 5x - 30 = 0$

l) $x^2 + 16x + 55 = 0$

m) $x^2 - 16x + 64 = 1$

n) $x^2 + 16x - 17 = 0$

o) $2x^2 + 4x + 2 = 0$

p) $x^2 + 4x - 21 = 0$

7.6 Gemischte Aufgaben zum Ausmultiplizieren und Faktorisieren

Aufgabe 1

Multipliziere aus und fasse zusammen.

a) $(x-1)\cdot(x+4)\cdot(x+1)$

b) $(u+2v)\cdot(u-2v)\cdot(u-v)$

c) $(3x+2)\cdot(3x-2)\cdot(x+2)$

d) $(x-3)\cdot(x^2-9)$

e) $(x+1)\cdot(x+2)\cdot(x+3)$

f) $(x^2+2x+1)\cdot(x-1)$

g) $(x+4)\cdot(x^2-4)\cdot(x-2)$

h) $(x^2-x)\cdot(2x+3)$

i) $(2x-2)\cdot(1-x)\cdot(2+2x)$

j) $(x+4)^2\cdot(x-4)$

Aufgabe 2

Vereinfache so weit wie möglich.

a) $(x-1)^2+(x+1)^2$

b) $(u+2v)\cdot(2u-v)\cdot(u-v)$

c) $4\cdot(x+3)^2+(4x-3)^2$

d) $3y\cdot(2y+3x)^2-6x\cdot(y+4x)^2$

e) $(9-x)^2-(9+x)^2$

f) $\left(x^2+\frac{1}{2}\right)^2-2\cdot\left(x^2-\frac{1}{2}\right)\cdot\left(x^2+\frac{1}{2}\right)$

g) $(a+b)^2-(2a-b)^2$

h) $(x^2-x)\cdot(x+x^2)-x\cdot(x^3-x)$

i) $5\cdot(x+2y)^2-4\cdot(x-3y)^2$

j) $\frac{1}{2}\cdot(4u+v)\cdot(v-4u)-(v+4u)^2$

Aufgabe 3

Vereinfache so weit wie möglich.

a) $(a+4b+4ab)\cdot a-b\cdot(4a+4a^2)$

b) $(u-3v)\cdot(2v-4u)-(2u+v)\cdot(v-u)$

c) $20x^2-(4-x)^2+(x+2)^2-(x-5)\cdot(5+x)$

d) $\frac{1}{3}(9x-1)\cdot(x+3)-\frac{2}{3}(3x+3)^2+4x^2$

8 Bruchterme vereinfachen

8.1 Was sind Bruchterme?

Besteht ein Rechenausdruck aus einem Bruch und stehen im Zähler oder Nenner oder auch beiden algebraische Ausdrücke mit Variablen, so nennt man einen solchen Rechenausdruck auch Bruchterm.

Beispiele für Bruchterme

$\frac{2x^2}{x-1}$, $\frac{3x-1}{x^2-4}$, $\frac{2}{x-2}$, $\frac{3}{a-b}$, $\frac{4u-1}{4u+2}$, $\frac{x}{y+2} - \frac{y}{x-2}$

8.2 Die Definitionsmenge

Bei einem Bruch darf der Nenner nicht null werden. Daher muss man bei jedem Bruchterm den Nenner prüfen. Zu jedem Bruchterm (oder bei zusammengesetzten Termen aus mehreren Bruchtermen) gibt es daher eine Definitionsmenge, die beschreibt, welche Zahlen man einsetzen darf und welche nicht.
Wir bestimmen die Definitionsmenge eines Bruchterms, indem wir den Nenner gleich null setzen. Die Lösungen dieser Gleichung müssen aus der Definitionsmenge herausgenommen werden.

Beispiele für die Definitionsmenge bzw. zulässige Einsetzungen

Bruchterm	Definitionsmenge/zulässige Einsetzungen
$\frac{4x^2}{x-2}$	$x \neq 2, D = \mathbb{R} \setminus \{2\}$
$\frac{xy}{10-y}$	$y \neq 10 \quad D = \mathbb{R} \setminus \{10\}$
$\frac{8}{\frac{a}{b}-2}$	$\frac{a}{b} \neq 2, a \neq 2b$
$\frac{1}{x} - \frac{1}{x+3}$	$x \neq 0$, $x \neq -3$ $\quad D = \mathbb{R} \setminus \{-3;\ 0\}$

8.3 Wozu braucht man Bruchterme?

Bruchterme begegnen uns in Form von **Funktionen** an vielen Stellen in der Mathematik.

Die Funktion $f(x) = \frac{1}{x}$

Die Funktion $f(x) = \frac{1}{x}$ beschreibt eine Hyperbel. Das ist eine der einfachsten Funktionen, die aus einem Bruchterm besteht. Hier sehen wir direkt auf den ersten Blick die nicht zulässige Einsetzung für $x = 0$.

Die Definitionsmenge lautet:

$D = \mathbb{R} \setminus \{0\}$

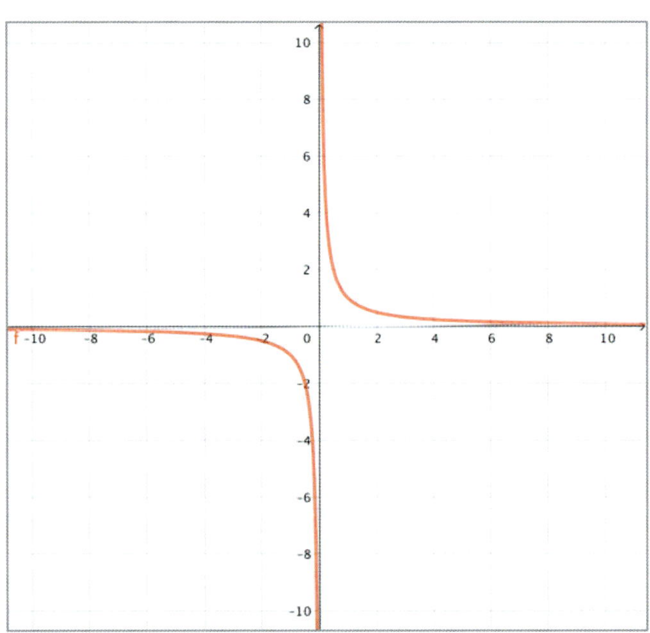

Bild: Graph der Funktion $f(x) = \frac{1}{x}$

Bei Funktionen verwenden wir als Basismenge immer die Menge der reellen Zahlen $\mathbb{R}$. Die Funktion ist punktsymmetrisch, d.h. symmetrisch zum Ursprung. Der Graph der Funktion berührt oder schneidet nie die x-Achse und die y-Achse.

Die Funktion $f(x) = \frac{1}{x^2}$

Bei der Funktion $f(x) = \frac{1}{x^2}$ dürfen wir ebenfalls nicht $x = 0$ einsetzen.

$D = \mathbb{R} \setminus \{0\}$

Die Funktion ist achsensymmetrisch, d.h. symmetrisch zur y-Achse. Der Graph der Funktion berührt oder schneidet nie die x-Achse und die y-Achse.

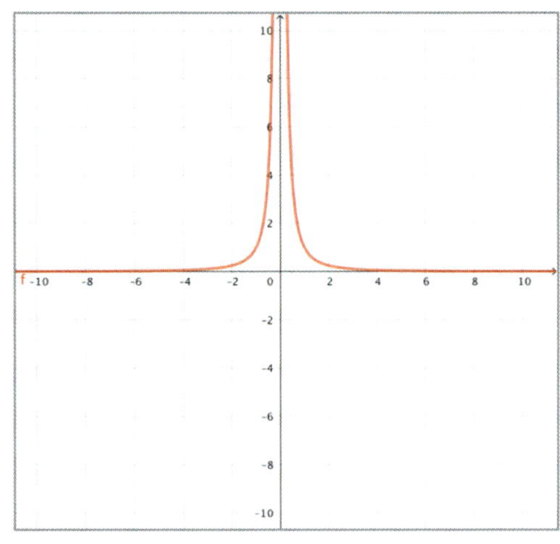

Bild: Graph der Funktion $f(x) = \frac{1}{x^2}$

8.3.1 Bruchterme als gebrochen rationale Funktionen in der Oberstufe

Die später noch behandelten Techniken zur Vereinfachung von Bruchtermen wendet man bei der Analyse von gebrochen rationalen Funktionen an.

Beispiel einer gebrochen rationalen Funktion: $f(x) = \frac{x-3}{x \cdot (x^2-8x+16)}$

Damit der Nenner nicht null wird, muss gelten:

$x \neq 0$ und $x \neq 4$.

Diese Stellen nennen wir später auch Polstellen.

Die Definitionsmenge lautet:

$D = \mathbb{R} \setminus \{0; 4\}$.

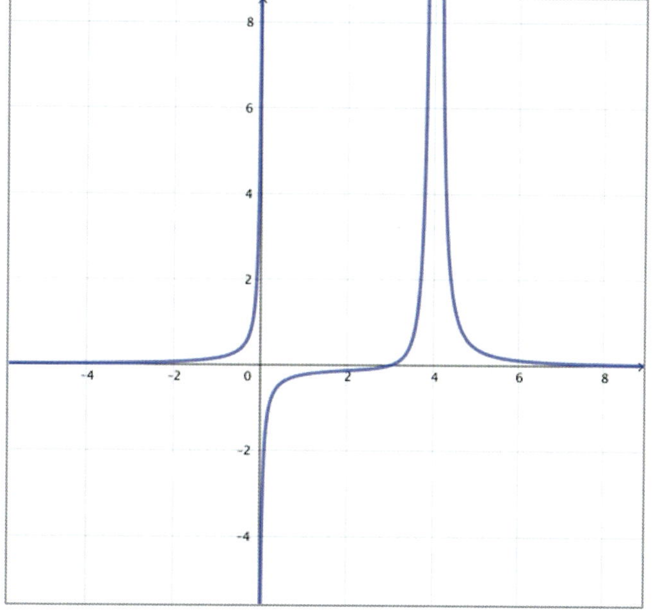

Bild: Graph der Funktion $f(x) = \frac{x-3}{x \cdot (x^2-8x+16)}$

Weitere Bilder von gebrochen rationalen Funktionen, die aus Bruchtermen bestehen. Du erkennst einige typische Elemente dieser Funktionen.

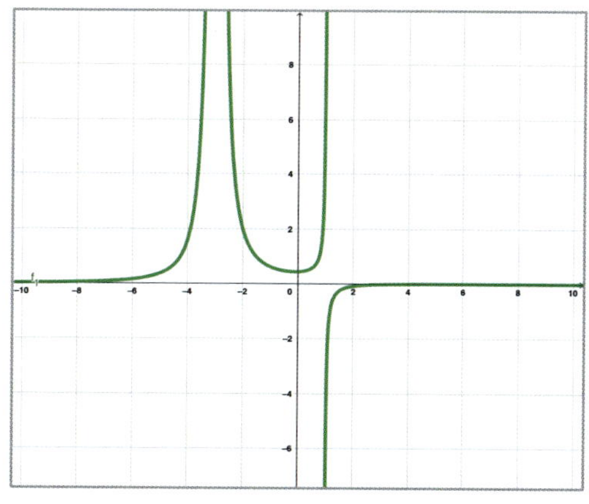

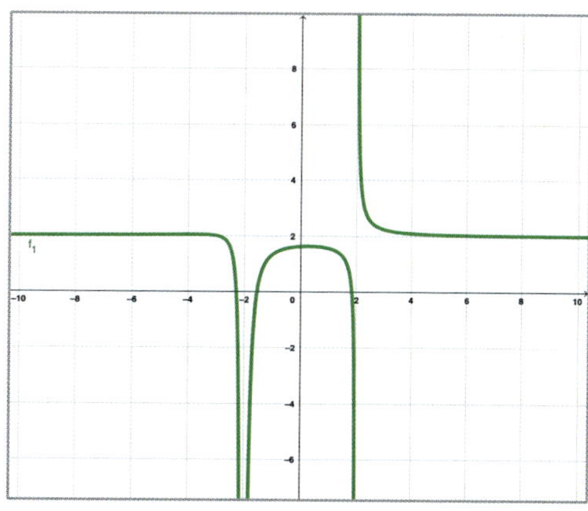

8.4 Wichtige Regeln für das Vereinfachen von Bruchtermen

Merke dir die Bruchrechenregel: **Summen kürzen nur die Dummen!**
Wir dürfen nur Faktoren im Zähler und Nenner kürzen!

Damit wir Faktoren erhalten, müssen wir die Techniken aus den vorangegangenen Kapiteln anwenden. Diese sind:

- **Ausklammern**
- **Binomische Formeln rückwärts anwenden**
- **Faktorisieren**

Beispiel: Ausklammern und binomische Formel rückwärts

$$\frac{4x^3 - 4x}{x-1} = \frac{4x \cdot (x^2 - 1)}{x-1} = \frac{4x \cdot (x-1) \cdot (x+1)}{x-1} = 4x \cdot (x+1)$$

8.5 Aufgaben – Anwendung von Ausklammern

Aufgaben
Vereinfache die Bruchterme und gib die Definitionsmenge an!

a) $\frac{3x - 15}{3x}$

b) $\frac{4x^3 - 24x^2}{4x^2}$

c) $\frac{6b}{36 + 6b}$

d) $\frac{27x^3 - 18x^2 + 9x}{9x}$

e) $\frac{5x - 20}{5x + 20}$

f) $\frac{15x - 3}{4 - 20x}$

g) $\frac{y - x}{x - y}$

h) $\frac{7xy - 49x}{7x}$

i) $\frac{9x^2 - 9x}{9x}$

j) $\frac{x + 4}{4x + x^2}$

8.6 Aufgaben – Anwendung der binomischen Formeln

Aufgaben

Vereinfache die Bruchterme. Gib immer auch die Definitionsmenge an!

a) $\frac{(x+4)^2}{x+4}$

b) $\frac{x^2+8x+16}{5x+20}$

c) $\frac{(3x-1)^2}{(3x-1)^3}$

d) $\frac{a^2-b^2}{a^2+2ab+b^2}$

e) $\frac{4y^2+20y+25}{2y+5}$

f) $\frac{64-m^2}{m^2+16m+64}$

g) $\frac{4x^2-9}{2x+3}$

h) $\frac{x^2-6x+9}{x^2-9}$

i) $\frac{(x-1)\cdot(x^2+x+1)}{x^2-1}$

j) $\frac{(100-a^2)\,(10+a)}{100+20a+a^2}$

8.7 Aufgaben – Anwendung von Faktorisieren

Aufgaben

Vereinfache die Bruchterme vor allem durch Faktorisieren. Gib jeweils die Definitionsmenge an!

a) $\frac{x^2+x-6}{x-2}$

b) $\frac{x^2+8x+12}{x+6}$

c) $\frac{x^2-2x+1}{x^2+4x-5}$

d) $\frac{a^2-144}{a^2-14a+24}$

e) $\frac{y-4}{y^2+y-20}$

f) $\frac{81-m^2}{m^2+12m+27}$

g) $\frac{4x^2-36}{4x^2-4x+24}$

h) $\frac{x^2-10x-11}{x^2-121}$

i) $\frac{x^2+4x+3}{x^2-1}$

j) $\frac{a^2+14a-32}{196+32a+a^2}$

8.8 Aufgaben – gemischte Bruchterme

Aufgaben

Vereinfache die Bruchterme und gib immer die Definitionsmenge an!

a) $\frac{x^3 + x^2 - 6x}{x^2 + 9x}$

b) $\frac{x^3 - x}{x + 1}$

c) $\frac{x^3 + 10x^2 + 25x}{x^3 + 4x^2 - 5x}$

d) $\frac{b^2 - 121}{b^2 - 13b + 22}$

e) $\frac{y^2 + 5y}{y^2 + y - 20}$

f) $\frac{169 - m^2}{m^2 + 15m + 26}$

g) $\frac{8x^2 - 200}{4x^2 - 40x + 100}$

h) $\frac{8x^2 - 64x + 128}{16x^2 - 256}$

i) $\frac{4x^2 + 16x + 12}{4x^2 - 4}$

j) $\frac{2a^2 + 28a - 64}{196 + 32a + a^2}$

9 Wurzeln berechnen

9.1 Warum rechnen wir mit Wurzeln?

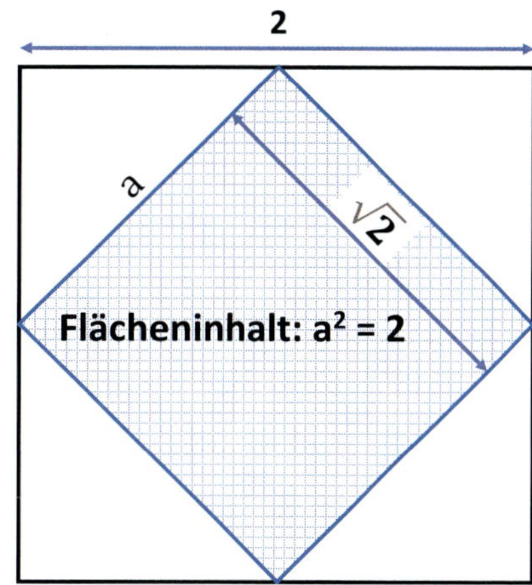

Betrachten wir ein Quadrat mit der Seitenlänge 2, wie im Bild rechts. Das Quadrat hat folglich den Flächeninhalt $A = 2 \cdot 2 = 4$. In dieses Quadrat können wir ein kleines, um 45° gedrehtes Quadrat legen. Nach kurzer Überlegung stellen wir fest, dass dieses Quadrat genau die Hälfte des Flächeninhaltes des großen Quadrats besitzt, d.h. dieser Flächeninhalt beträgt 2.

Nun stellt sich die Frage: Welche Zahl ergibt im Quadrat 2? Denn im kleinen Quadrat gilt $a^2 = 2$. Die Lösung einer Gleichung $a^2 = \boldsymbol{b}$ ist die Wurzel der Zahl $\boldsymbol{b}$.

$$a^2 = b \Leftrightarrow a = \sqrt{b}$$

Wie im Beispiel gezeigt, kann man über eine solche Konstruktion die Zahlenwerte von Wurzeln anschaulich darstellen.

9.2 Einfache Wurzeln berechnen

Aufgabe 1

Berechne die Wurzeln ohne Taschenrechner!

a) $\sqrt{25}$ b) $\sqrt{49}$ c) $\sqrt{121}$ d) $\sqrt{1}$ e) $\sqrt{0}$

f) $\sqrt{8100}$ g) $\sqrt{256}$ h) $\sqrt{289}$ i) $\sqrt{625}$ j) $\sqrt{-4}$

k) $\sqrt{36}$ l) $\sqrt{16}$ m) $\sqrt{10000}$ n) $\sqrt{10^6}$ o) $\sqrt{400}$

Aufgabe 2

Berechne die Wurzeln ohne Taschenrechner!

a) $\sqrt{\frac{25}{100}}$ b) $\sqrt{\frac{1}{36}}$ c) $\sqrt{\frac{36}{81}}$ d) $\sqrt{\frac{4}{25}}$ e) $\sqrt{\frac{121}{196}}$

f) $\sqrt{\frac{169}{289}}$ g) $\sqrt{\frac{16}{144}}$ h) $\sqrt{\frac{100}{324}}$ i) $\sqrt{\frac{225}{256}}$ j) $\sqrt{\frac{441}{625}}$

Aufgabe 3

Berechne die Wurzeln, wenn möglich ohne Taschenrechner!

a) $\sqrt{0{,}09}$ b) $\sqrt{1{,}21}$ c) $\sqrt{0{,}0256}$ d) $\sqrt{0{,}01}$ e) $\sqrt{0{,}04}$

f) $\sqrt{3{,}24}$ g) $\sqrt{0{,}0001}$ h) $\sqrt{0{,}0081}$ i) $\sqrt{6{,}25}$ j) $\sqrt{0{,}25}$

Aufgabe 4

Berechne die Wurzeln mit dem Taschenrechner auf 3 Nachkommastellen genau.

a) $\sqrt{76}$ b) $\sqrt{80}$ c) $\sqrt{1000}$ d) $\sqrt{0{,}1}$ e) $\sqrt{40}$

f) $\sqrt{3}$ g) $\sqrt{2}$ h) $\sqrt{50}$ i) $\sqrt{10}$ j) $\sqrt{8}$

Aufgabe 5

Zwischen welchen natürlichen Zahlen liegen die folgenden Wurzeln?

a) $\sqrt{6}$ b) $\sqrt{30}$ c) $\sqrt{90}$ d) $\sqrt{0{,}1}$ e) $\sqrt{40}$

f) $\sqrt{130}$ g) $\sqrt{200}$ h) $\sqrt{600}$ i) $\sqrt{150}$ j) $\sqrt{20}$

9.3 Wurzelgesetze

Für das Rechnen mit Wurzeln gelten die folgenden Gesetze:

$$\sqrt{a} \cdot \sqrt{b} = \sqrt{a \cdot b} \qquad \frac{\sqrt{a}}{\sqrt{b}} = \sqrt{\frac{a}{b}}$$

Beachte:
Bei Wurzeltermen können wir für Vereinfachungen und Umformungen auch die bisher gelernten Themen wie binomische Formeln und Faktorisieren anwenden.

Beispiele

$$(\sqrt{2} - \sqrt{3}) \cdot (\sqrt{2} + \sqrt{3}) = (\sqrt{2})^2 - (\sqrt{3})^2 = 2 - 3 = -1$$

3. binomische Formel

$$\frac{1 - \sqrt{7}}{1 + \sqrt{2}} = \frac{(1 - \sqrt{7})}{(1 + \sqrt{2})} \cdot \frac{(1 - \sqrt{2})}{(1 - \sqrt{2})} = \frac{(1 - \sqrt{7}) \cdot (1 - \sqrt{2})}{1 - 2} = -(1 - \sqrt{7}) \cdot (1 - \sqrt{2})$$

Erweitern mit 3. binomischer Formel zur Vereinfachung des Nenners

Beachte:
Wurzeln dürfen wir nur addieren oder subtrahieren, wenn der Wert unter der Wurzel (diesen nennt man **Radikant**) gleich ist.

Beispiele

$$\sqrt{7} + \sqrt{5} + 2\sqrt{7} = 3\sqrt{7} + \sqrt{5}$$

$$\sqrt{5} + 4\sqrt{5} - 2\sqrt{5} = 5\sqrt{7} - 2\sqrt{5} = 3\sqrt{5}$$

9.4 Wurzeln vereinfachen

Aufgabe 1

Berechne die Wurzeln für die Produkte

a) $\sqrt{15} \cdot \sqrt{3}$ b) $\sqrt{21} \cdot \sqrt{20}$ c) $\sqrt{2} \cdot \sqrt{3} \cdot \sqrt{6}$

d) $\sqrt{2} \cdot \sqrt{8}$ e) $\sqrt{4} \cdot \sqrt{5}$ f) $\sqrt{5} \cdot \sqrt{12} \cdot \sqrt{4}$

g) $\sqrt{0{,}1} \cdot \sqrt{0{,}9}$ h) $\sqrt{24} \cdot \sqrt{2}$ i) $\sqrt{0{,}5} \cdot \sqrt{4} \cdot \sqrt{8}$

Aufgabe 2

Berechne die Wurzeln für die Produkte und ziehe teilweise die Wurzel, wenn möglich!

a) $\sqrt{\frac{15}{4}} \cdot \sqrt{\frac{20}{3}}$ b) $\sqrt{\frac{7}{3}} \cdot \sqrt{\frac{21}{9}}$ c) $\sqrt{\frac{1}{2}} \cdot \sqrt{\frac{1}{3}} \cdot \sqrt{12}$

d) $\sqrt{\frac{21}{5}} \cdot \sqrt{\frac{35}{3}}$ e) $\sqrt{\frac{75}{63}} \cdot \sqrt{\frac{7}{3}}$ f) $\sqrt{5} \cdot \sqrt{\frac{18}{10}} \cdot \sqrt{3}$

g) $\sqrt{\frac{12}{5}} \cdot \sqrt{\frac{15}{4}}$ h) $\sqrt{\frac{15}{4}} \cdot \sqrt{8}$ i) $\sqrt{\frac{5}{6}} \cdot \sqrt{4} \cdot \sqrt{\frac{5}{2}}$

Aufgabe 3

Zerlege in zwei Wurzeln und berechne!

a) $\sqrt{36 \cdot 81}$ b) $\sqrt{0{,}01 \cdot 1{,}44}$ c) $\sqrt{\frac{1}{9} \cdot 0{,}25}$

d) $\sqrt{4 \cdot 64}$ e) $\sqrt{49 \cdot 144}$ f) $\sqrt{16 \cdot 289}$

g) $\sqrt{121 \cdot 196}$ h) $\sqrt{10^{-6} \cdot 0{,}81}$ i) $\sqrt{9 \cdot 256}$

j) $\sqrt{10^6 \cdot 16}$ k) $\sqrt{2^8 \cdot 3^4}$ l) $\sqrt{0{,}04 \cdot 3{,}24}$

Aufgabe 4
Ziehe teilweise die Wurzel, indem du den Radikanten in Faktoren zerlegst!

a) $\sqrt{32}$ b) $\sqrt{242}$ c) $\sqrt{75}$

d) $\sqrt{128}$ e) $\sqrt{180}$ f) $\sqrt{80}$

g) $\sqrt{147}$ h) $\sqrt{200}$ i) $\sqrt{162}$

Aufgabe 5
Bringe den Vorfaktor unter die Wurzel und vereinfache wenn möglich!

a) $7\sqrt{2}$ b) $\frac{1}{7}\sqrt{14}$ c) $\frac{1}{5}\sqrt{125}$

d) $5\sqrt{7}$ e) $\frac{1}{6}\sqrt{72}$ f) $0{,}4 \cdot \sqrt{3}$

g) $3\sqrt{11}$ h) $\frac{1}{8}\sqrt{512}$ i) $0{,}7\sqrt{0{,}01}$

Aufgabe 6
Wurzeln dürfen wir nur addieren, wenn unter der Wurzel der gleiche Wert steht! Versuche die Wurzeln durch teilweises Wurzelziehen zu vereinfachen, damit man sie addieren kann!

a) $\sqrt{18}+\sqrt{98}$ b) $\sqrt{45}-\sqrt{20}$ c) $\sqrt{245}+3\sqrt{5}$

d) $\sqrt{175}-\sqrt{28}$ e) $\sqrt{108}-2\sqrt{3}$ f) $\sqrt{72}+\sqrt{50}$

Aufgabe 7
Wende die Wurzelregel für Quotienten an und berechne ohne Taschenrechner!

a) $\frac{\sqrt{2}}{\sqrt{18}}$ b) $\frac{\sqrt{13}}{\sqrt{117}}$ c) $\frac{\sqrt{\frac{1}{4}}}{\sqrt{\frac{12}{3}}}$

d) $\frac{\sqrt{54}}{\sqrt{6}}$ e) $\frac{\sqrt{63}}{\sqrt{7}}$ f) $\frac{\sqrt{0{,}2}}{\sqrt{0{,}8}}$

g) $\frac{\sqrt{90}}{\sqrt{10}}$ h) $\frac{\sqrt{\frac{5}{9}}}{\sqrt{\frac{5}{4}}}$ i) $\frac{\sqrt{3}}{\sqrt{\frac{1}{3}}}$

Aufgabe 8
Mache den Nenner rational durch Erweitern.

a) $\frac{1}{\sqrt{3}}$ b) $\frac{20}{2\sqrt{5}}$ c) $\frac{5-\sqrt{5}}{\sqrt{5}}$

d) $\frac{2}{\sqrt{7}}$ e) $\frac{10}{3\sqrt{2}}$ f) $\frac{3}{\sqrt{3}\cdot\sqrt{5}}$

g) $\frac{\sqrt{2}}{\sqrt{5}}$ h) $\frac{90}{\sqrt{2}\cdot\sqrt{5}}$ i) $\frac{\sqrt{8}-2}{\sqrt{2}}$

Aufgabe 9
Mache den Nenner rational durch Erweitern und denke zurück an die binomischen Formeln!

a) $\frac{1}{1+\sqrt{2}}$ b) $\frac{2}{15-\sqrt{10}}$ c) $\frac{5}{3+\sqrt{6}}$

d) $\frac{2}{1-\sqrt{7}}$ e) $\frac{1}{3+3\sqrt{2}}$ f) $\frac{2}{\sqrt{3}-1}$

g) $\frac{2}{2\sqrt{5}+1}$ h) $\frac{4}{\sqrt{2}-\sqrt{5}}$ i) $\frac{4}{3\sqrt{2}+2}$

Aufgabe 10
Fasse alle Terme so weit wie möglich zusammen.

a) $3\sqrt{8}+\sqrt{2}-2\sqrt{2}$ b) $\frac{\sqrt{3}}{\sqrt{5}+\sqrt{3}}+\frac{\sqrt{5}}{\sqrt{5}+\sqrt{3}}$

c) $\left(\frac{3}{\sqrt{7}}\right)^2+\left(\frac{2}{\sqrt{5}}\right)^2$ d) $\frac{4-2\sqrt{2}}{4+2\sqrt{2}}$

9.5 Wurzelterme vereinfachen

Treten unter der Wurzel Parameter oder Variablen auf, muss man zunächst die Definitionsmenge angeben, denn **der Radikant unter der Wurzel darf nicht negativ werden**.

Beispiel

$$\sqrt{a+10} \Rightarrow a+10 \geq 0,$$
$$a \geq -10$$

In Intervallschreibweise:

$$a \in [-10\,;\ +\infty\,[\quad \text{oder } D = [-10\,;\ +\infty\,[$$

Aufgabe 1
Bestimme die Definitionsmenge!

a) $1+\sqrt{a+2}$ b) $\sqrt{a^2-5}$ c) $\sqrt{2u+4}$

d) $\sqrt{4-x^2}$ e) $\sqrt{a}\cdot\sqrt{a-1}$ f) $\sqrt{z^2-4}$

g) $\sqrt{5x-5}$ h) $\sqrt{a}+\sqrt{20-a}$ i) $\sqrt{5c}$

Aufgabe 2
Multipliziere aus.

a) $\sqrt{3}\cdot(\sqrt{x}+\sqrt{75})$ b) $\left(\frac{1}{2}-\sqrt{3x}\right)^2$

c) $\left(\sqrt{a}+6\right)\cdot(\sqrt{a}-6)$ d) $\left(\sqrt{x-1}-1\right)\cdot\left(\sqrt{x-1}+1\right)$

e) $\left(\sqrt{5x}+5\right)^2$ f) $\left(\sqrt{\frac{3}{2}}+c\right)^2$

9.6 Der Term $\sqrt{x^2}$ und die Lösungen

Betrachten wir folgenden Zusammenhang: $(-\boldsymbol{x})^2=\boldsymbol{x}^2$
Würden wir jetzt auf jeder Seite die Wurzel ziehen, würden wir erhalten: $-\boldsymbol{x}=\boldsymbol{x}$.
Dies ist nur für $x=0$ gültig bzw. für den Betrag, denn es gilt: $|-\boldsymbol{x}|=|\boldsymbol{x}|$

Für Wurzeln angewendet heißt das:

Für alle $x\in\mathbb{R}$ gilt $\sqrt{x^2}=|x|$

Zum Verständnis: Setze $x=-3$ ein: $\sqrt{(-\mathbf{3})^2}=\sqrt{\mathbf{9}}=\mathbf{3}=|-\mathbf{3}|$

Aufgabe 1

Schreibe die folgenden Terme ohne Wurzel!

a) $\sqrt{(x-2)^2}$

b) $\sqrt{x^4y^2}$

c) $\sqrt{121x^2}$

d) $\sqrt{a^2+2ab+b^2}$

e) $\sqrt{(3u)^2}$

f) $\sqrt{9x^2+24x+16}$

Aufgabe 2

Vereinfache die folgenden Terme und gib die erlaubten Einsetzungen an!

a) $\sqrt{25x}$

b) $\sqrt{a^3\cdot(a+2)}$

c) $\sqrt{x^5}$

d) $\sqrt{2x^2}\cdot\sqrt{50x^4}$

e) $\sqrt{18x^6}$

f) $\dfrac{\sqrt{2x^2}}{\sqrt{72x^4}}$

g) $\sqrt{ay^2}$

h) $\dfrac{\sqrt{18a}}{\sqrt{32a^5}}$

10 Der Satz des Pythagoras

10.1 Der Satz des Thales – kommt noch vor dem Satz des Pythagoras

Der Satz des Thales, auch bekannt als **Thalessatz**, ist ein grundlegender Satz der Geometrie, der sich auf den Thaleskreis bezieht. Der Satz besagt: In einem Halbkreis ist ein Winkel, dessen Scheitelpunkt auf dem Halbkreisbogen liegt und dessen Schenkel an den Enden des Durchmessers liegen, immer ein rechter Winkel.
Diese Erkenntnis war im Mittelalter bereits bei der Konstruktion von großem Nutzen, da man durch Verwendung eines Halbkreises einen rechten Winkel konstruieren konnte.

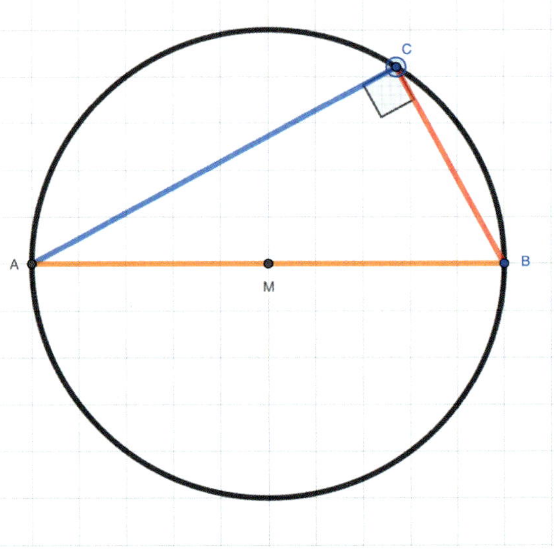

Bild: GeoGebra

Aufgabe
Zeichne einen Halbkreisbogen und in diesen Halbkreisbogen mindestens 5 rechtwinklige Dreiecke. Alternativ kannst du diese Übung auch mit GeoGebra nachvollziehen. Zeichne in die Dreiecke jeweils den rechten Winkel ein.

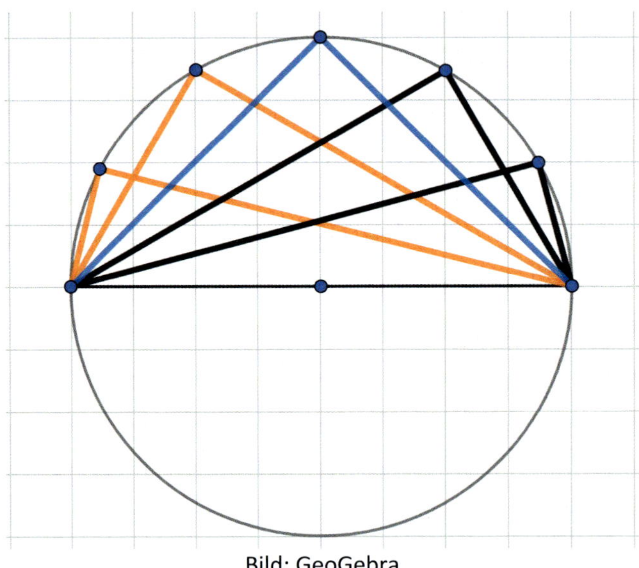
Bild: GeoGebra

10.2 Der Satz des Pythagoras

Der Satz des Pythagoras besagt:

Die Summe der Kathetenquadrate ist gleich dem Hypotenusenquadrat. Im nebenstehenden Bild hat die Hypotenuse die Länge 10 und die Katheten die Längen 6 und 8 Einheiten. Hier gilt:

$$6^2 + 8^2 = 10^2$$

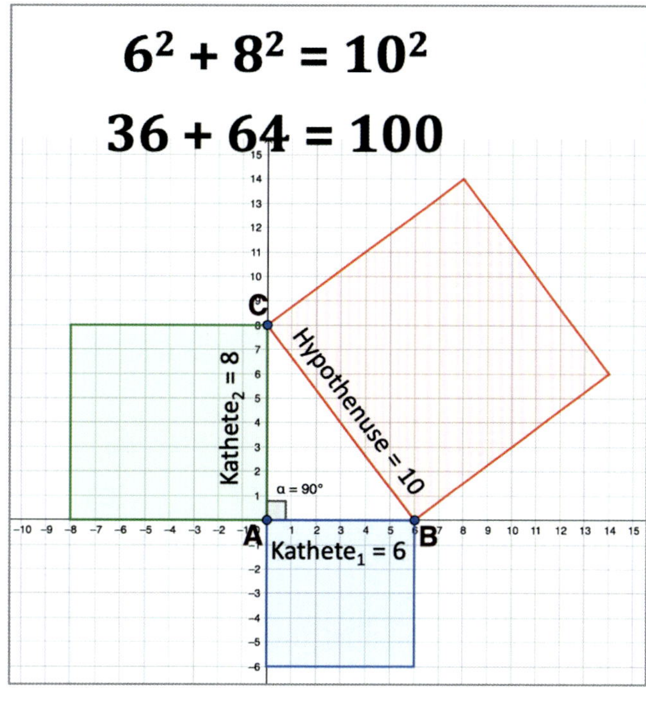

Achte immer auf die Lage der Hypotenuse und der Katheten. Nicht immer gilt der häufig genannte Satz:

$$a^2 + b^2 = c^2$$

Im unten gezeigten Bild trifft der Satz jedoch zu.

Anschaulich geometrisch im Bild:

Die Summe der Flächen der Quadrate über den Katheten $a^2 + b^2$ ist gleich der Fläche des Quadrats über der Hypotenuse c^2.

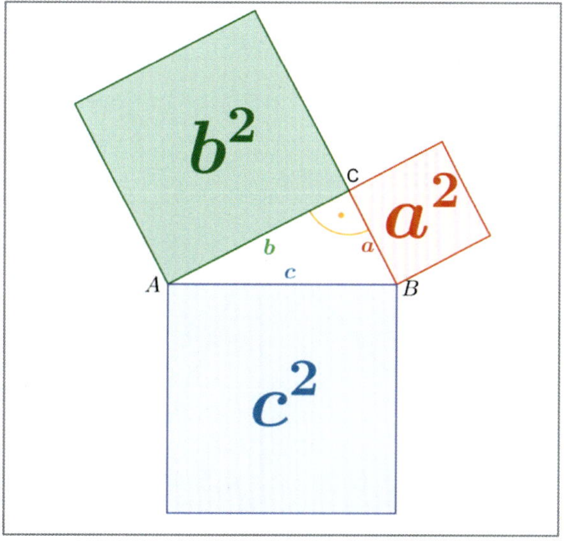

Es gibt vielfältige anschauliche und geometrische Beweise für den Satz des Pythagoras, die wir hier nicht behandeln wollen.

Aufgabe 1
Finde mindestens 4 weitere sogenannte pythagoräische Tripel, die aus 3 (maximal zweistelligen) Zahlen bestehen. Die drei Zahlen erfüllen wie in unserem ersten Beispiel den Satz des Pythagoras: 6, 8, 10.
In den Satz des Pythagoras eingesetzt erfüllen sie die Bedingung: $a^2 + b^2 = c^2$ mit $a = 6, b = 8, c = 10$.

Aufgabe 2
Mit dem Satz des Pythagoras kannst du in rechtwinkligen Dreiecken immer aus zwei Seitenlängen eine fehlende dritte Seitenlänge berechnen. Bestimme die fehlende Seite!

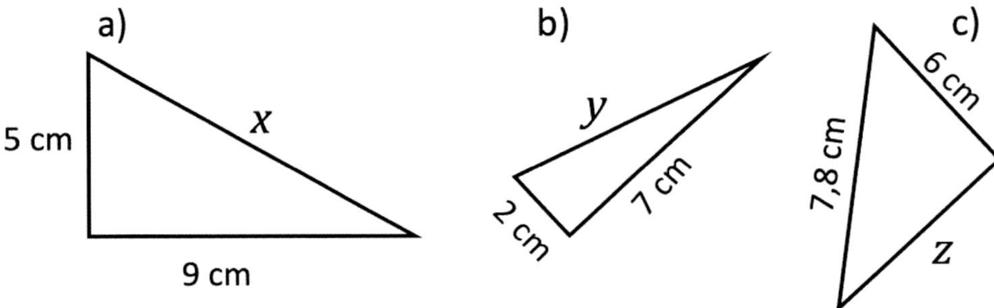

Aufgabe 3
Berechne die fehlenden Seiten in dem Querschnitt einer Dachkonstruktion.

a) $a = ?\ h = ?$

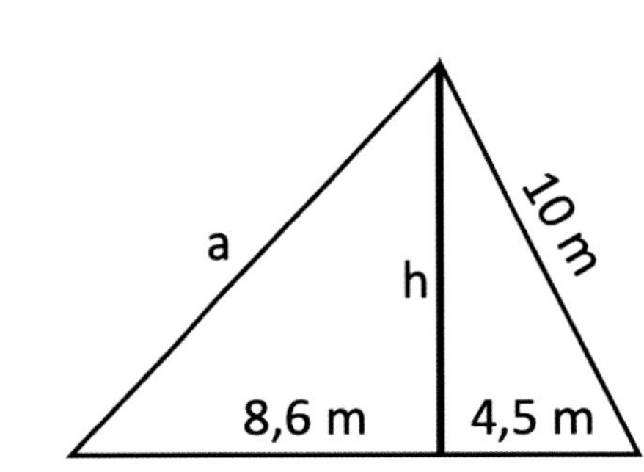

b) $a = ?\ b = ?$

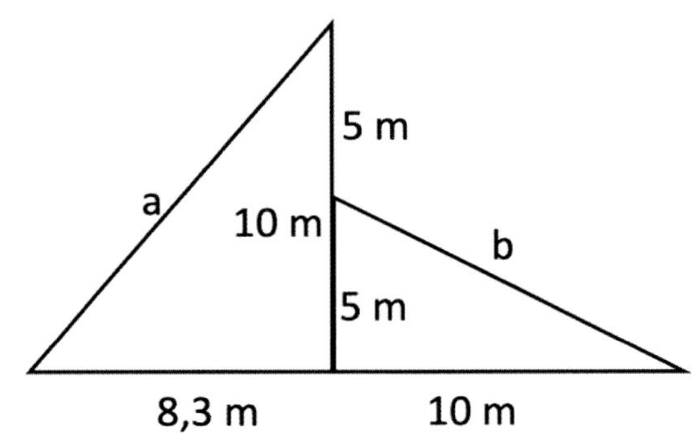

Aufgabe 4

Prüfe, ob die Dreiecke mit den folgenden Seitenlängen rechtwinklig sind? Rechne gerundet hierbei bis auf zwei Stellen hinter dem Komma genau.

a) $a = 4\ cm, b = 5\ cm, c = 3\ cm$

b) $a = 7{,}5\ cm, b = 6\ cm, c = 9{,}6\ cm$

c) $a = 14\ cm, b = 5\ cm, c = 13{,}1\ cm$

d) $a = 5\ cm, b = 25\ cm, c = 20\ cm$

Aufgabe 5

Wie lang muss eine Leiter mindestens sein, damit Sie in 2 m Abstand zu einer Hauswand bis an die Fensterkante des Hauses in 4 m Höhe reicht?

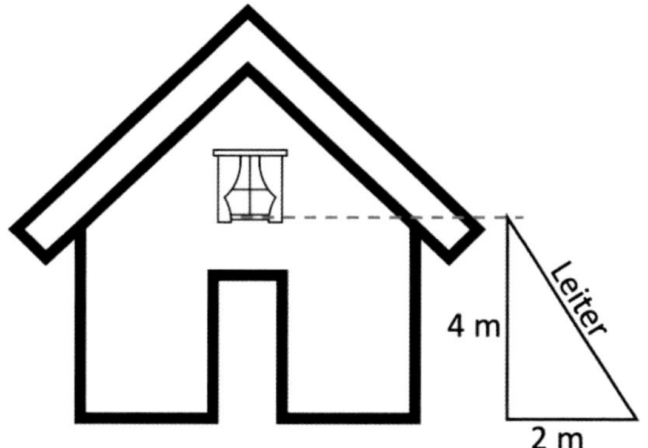

Aufgabe 6

Wie groß ist der grau markierte Flächeninhalt und wie groß ist die Seitenlänge a?

Diese Aufgabe kannst du im Kopf rechnen!

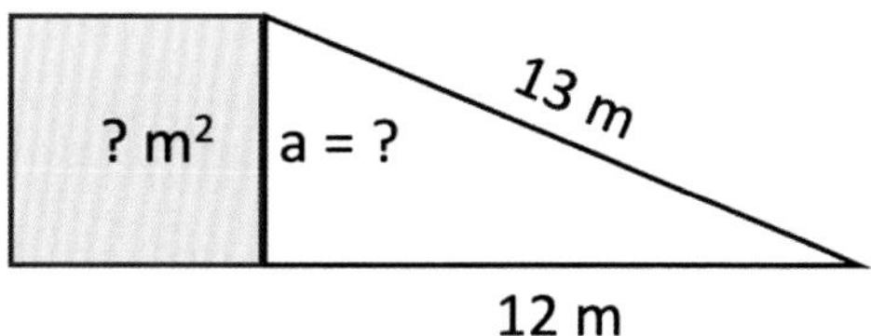

Aufgabe 7

a) Wie groß ist die Höhe in einem gleichseitigen Dreieck mit der Kantenlänge $a = 10\ cm$? Fertige hierzu eine eigene Skizze an.

b) Berechne einen allgemeinen Rechenausdruck für die Höhe eines gleichseitigen Dreiecks mit der Kantenlänge a.

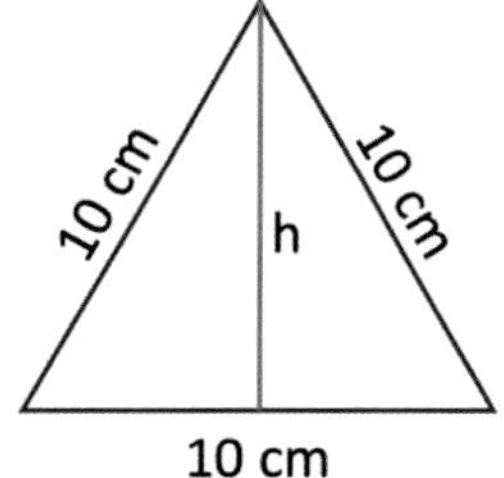

10.3 Höhensatz

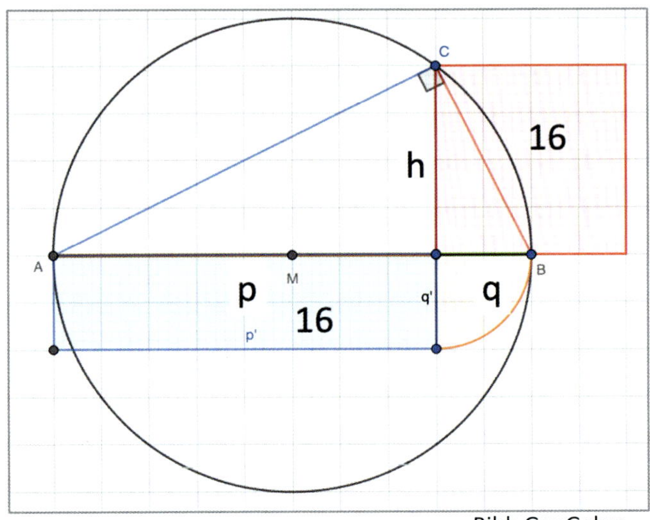

Bild: GeoGebra

Die Höhe $\boldsymbol{h}$ teilt die Hypotenuse eines rechtwinkligen Dreiecks in die Abschnitte $\boldsymbol{p}$ und $\boldsymbol{q}$. Siehe Bild.

Das besagt der Höhensatz:

Das Quadrat über der Höhe $\boldsymbol{h}$ hat den gleichen Flächeninhalt wie das Rechteck, das aus den beiden Hypotenusenabschnitten $\boldsymbol{p}$ und $\boldsymbol{q}$ gebildet wird:

$$\boldsymbol{h^2 = p \cdot q}$$

In unserem Bild:

$$\boldsymbol{4^2 = 8 \cdot 2 = 16}$$

Aufgabe 1
Bestimme die Höhe h und die anderen fehlenden Größen in den rechtwinkligen Dreiecken.

a)

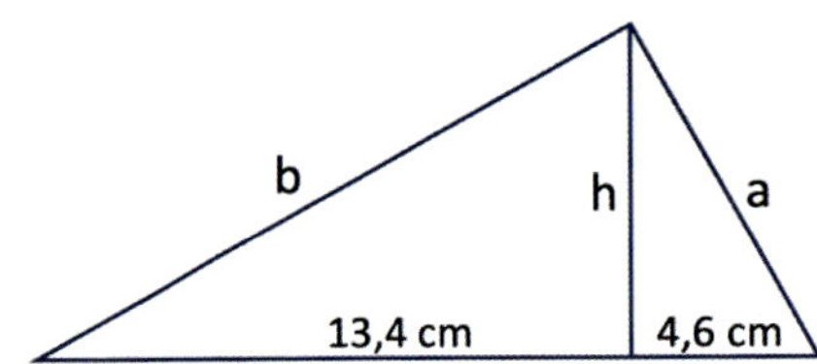

b)

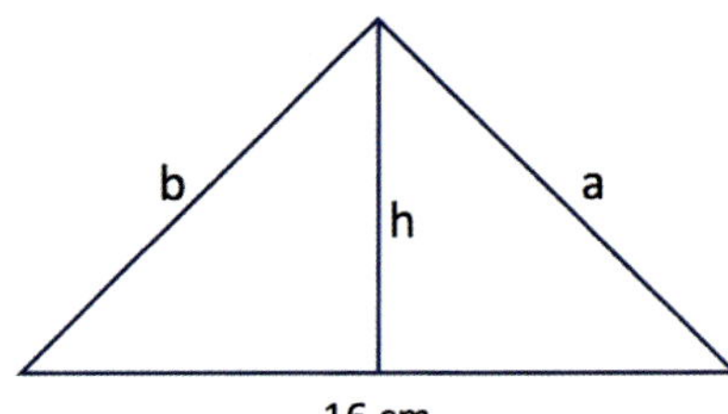

c)

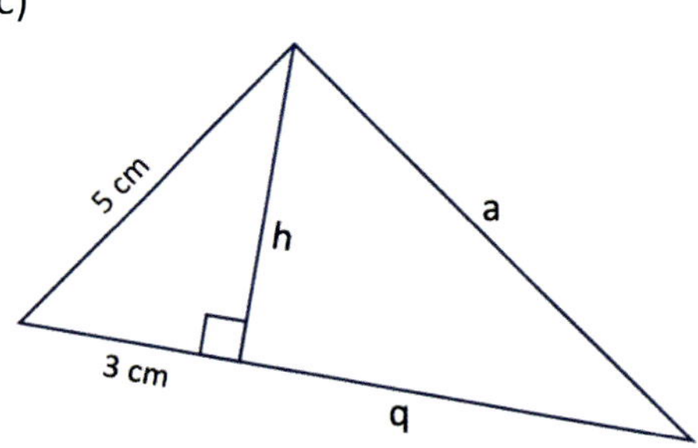

Aufgabe 2 - Konstruktionsaufgabe

Verwandle das Rechteck mit den Kantenlängen $a = 5\,cm,\ b = 2\,cm$ in ein Quadrat mit dem gleichen Flächeninhalt. Hierzu benötigst du einen Zirkel oder du führst die Konstruktion mit GeoGebra durch!

Welche Kantenlängen hat das in der Konstruktion auftretende rechtwinklige Dreieck?

Aufgabe 3 – Konstruktion von Wurzeln

Jede Zahl kann man als Produkt mit der Zahl 1 schreiben: $7 = 1 \cdot 7$.

Damit kann man ein Rechteck mit dem Flächeninhalt 7 zeichnen und mit Hilfe des Höhensatzes den Wert $\sqrt{7}$ konstruieren.

Konstruiere mit Hilfe des Höhensatzes die folgenden Wurzeln in der Einheit cm! Alternativ auch mit GeoGebra.

a) $\sqrt{5}$ b) $\sqrt{8}$ c) $\sqrt{12}$ d) $\sqrt{20}$

10.4 Kathetensatz

Der Kathetensatz geht, wie der Höhensatz, davon aus, dass die Höhe über der Hypotenuse diese in zwei Abschnitte p und q teilt.

Es gilt:

Das Quadrat über einer Kathete hat die gleiche Fläche wie das Rechteck unter der Kathete mit den Seitenlängen des Hypotenusenabschnitts und der Hypotenuse. Im Bild wird das deutlicher:

$$b^2 = p \cdot c$$

$$a^2 = q \cdot c$$

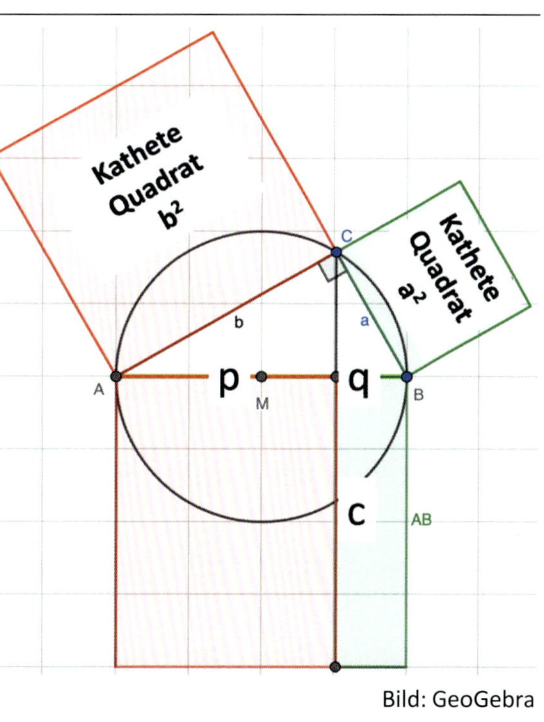

Bild: GeoGebra

Aufgabe 1

Bestimme die fehlenden Seiten a und b aus den gegebenen Kathetenabschnitten mit Hilfe des Kathetensatzes.

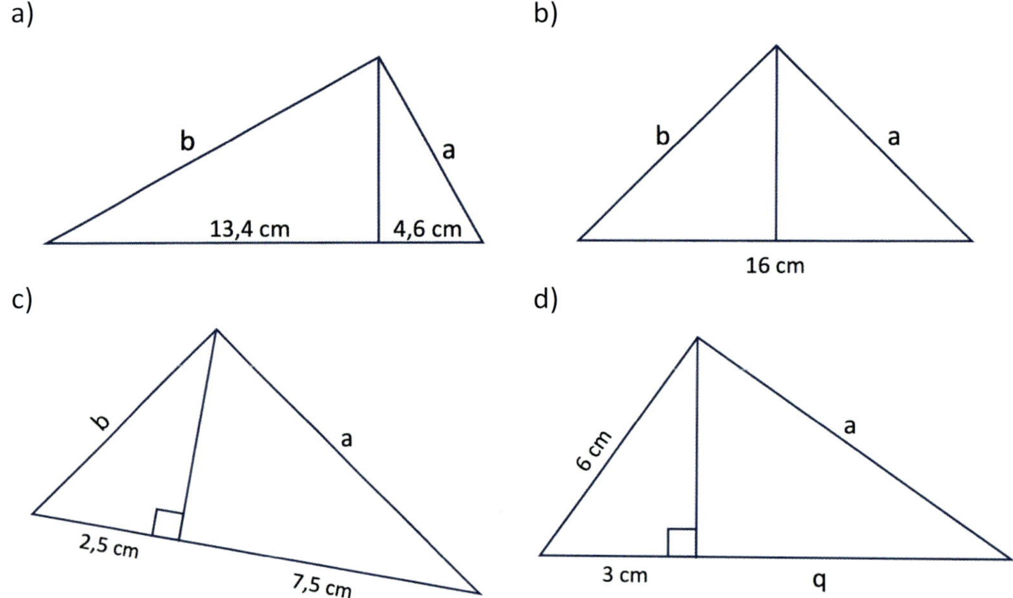

Aufgabe 2 - Geogebra

Erstelle eine interaktive App mit GeoGebra.

Der Punkt C soll bewegt werden können.

Dadurch ändern sich die Kathetenquadrate sowie die Flächen unter der Hypotenuse.

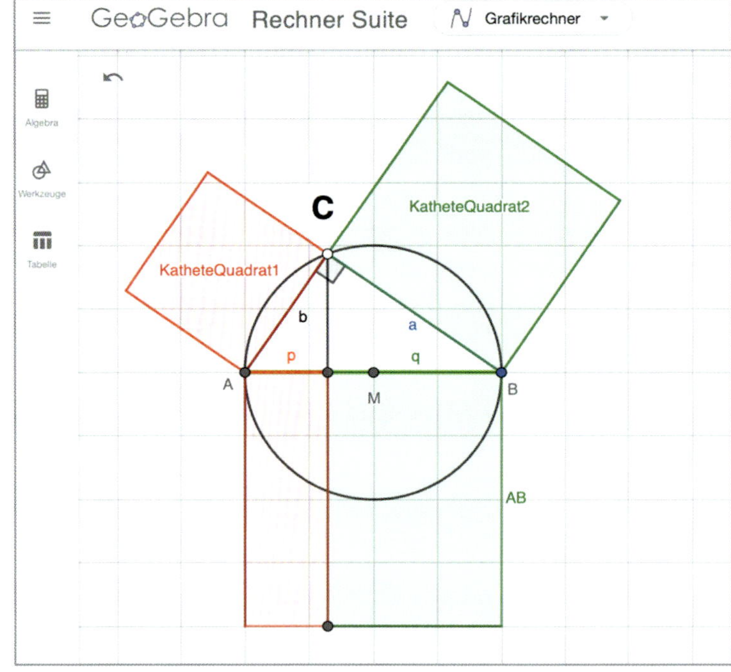

10.5 Gemischte Aufgaben

Aufgabe 1

Die Chephren-Pyramide, eine der Pyramiden von Gizeh in Ägypten, hat eine Höhe von etwa 136 m und die quadratische Grundfläche hat eine Breite von 215 m. Berechne die Länge der Außenkanten von den Ecken am Boden bis zur Spitze.

Aufgabe 2

Ein Klassenraum hat die Maße: Länge = 9 m, Breite = 7,5 m, Höhe = 3 m.
Berechne die Länge der Raumdiagonalen sowie der Diagonalen des Bodens.

Aufgabe 3

Ein C4 Briefumschlag ist 22 cm lang und 11 cm hoch. Wie groß ist die Diagonale auf der Rückseite?

Aufgabe 4

Ein Kinderdrachen hat die Form wie in folgendem Abbild. Die aufeinander senkrecht stehenden Stäbchen haben die Längen a und b. Die kurzen Außenseiten die Länge d und die langen Außenseiten die Länge c.

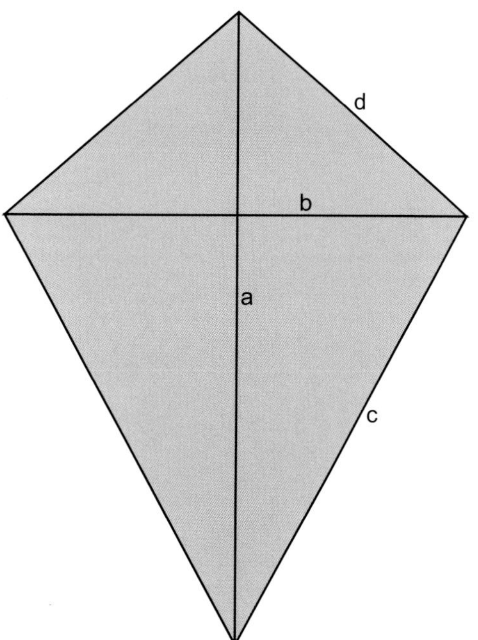

a) Stelle einen Term für den Flächeninhalt A des Drachens auf.

b) Berechne die Länge des Stäbchens a sowie die Seitenlänge c, wenn die folgenden Größen bekannt sind:

$d = \sqrt{1250}\ cm, b = 50\ cm,$

$A = 1875\ cm^2$

11 Potenzen mit ganzzahligen Exponenten

11.1 Potenzgesetze

Multipliziert man mehrfach gleiche Faktoren, kann man diese zu einer Potenz zusammenfassen.

$5 \cdot 5 \cdot 5 \cdot 5 = 5^4$, $\quad a \cdot a \cdot a \cdot b \cdot b = a^3 \cdot b^2$

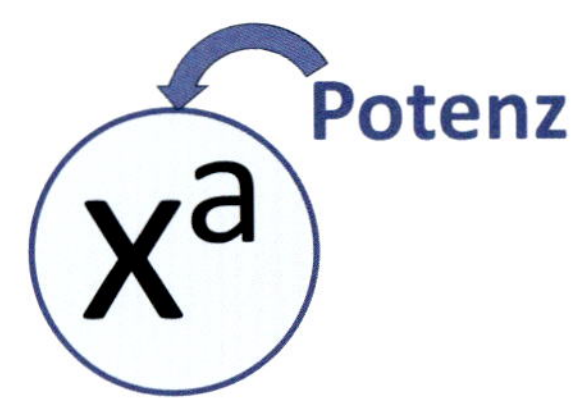

x: Basis

a: Exponent

Die Potenzgesetze – die solltest du auswendig können!

1. $a^0 = 1$	Jede Potenz „hoch null“ ist gleich 1!
2. $a^1 = a$	Jede Potenz hoch 1 ist gleich der Basis.
3. $a^n \cdot a^m = a^{n+m}$	Bei der Multiplikation von Potenzen mit gleicher Basis werden die Exponenten addiert.
4. $\dfrac{a^n}{a^m} = a^{n-m}$	Bei der Division von Potenzen mit gleicher Basis wird der Exponent des Nenners vom Exponenten des Zählers subtrahiert.
5. $(a^n)^m = a^{n \cdot m}$	Potenziert man eine Potenz, werden die beiden Exponenten miteinander multipliziert.
6. $a^n \cdot b^n = (a \cdot b)^n$	Bei der Multiplikation von zwei Potenzen unterschiedlicher Basis aber gleichen Exponenten kann man die Basen multiplizieren und der gemeinsame Exponent bleibt bestehen.
7. $\dfrac{a^n}{b^n} = \left(\dfrac{a}{b}\right)^n$	Werden zwei Potenzen mit unterschiedlicher Basis aber gleichen Exponenten dividiert, bleibt der Exponent erhalten und die beiden Basen werden dividiert.

8. $a^{-1} = \frac{1}{a}$, $a^{-2} = \frac{1}{a^2}$	Ein negativer Exponent bedeutet, dass man den Kehrwert der Potenz mit positivem Exponenten schreiben kann.

11.2 Aufgaben zu den Potenzgesetzen

Aufgabe 1

Berechne die folgenden Potenzen.

a) 9^0

b) $(2^5)^2$

c) $\left(-\frac{1}{4}\right)^{-4}$

d) 20^1

e) $6^3 \cdot 3^{-3}$

f) -5^2

g) $(-4)^3$

h) $0{,}7^4$

i) -5^4

j) $(-4)^4$

k) $(-0{,}7)^5$

l) $(-5)^4$

Aufgabe 2

Berechne die folgenden Potenzen.

a) $2^0 + 2^1 + 2^3 + 2^4$

b) $\left(\frac{3}{4}\right)^3 - \left(\frac{4}{3}\right)^2 + \left(\frac{3}{4}\right)^0$

c) $4^3 + 3^4 + 12^1$

d) $\frac{4^4}{5^3+3}$

e) $(-5)^3 + 5^3 + 5^2$

f) $\left(\frac{1}{2}\right)^2 + \left(\frac{1}{3}\right)^2 - \left(\frac{1}{6}\right)^2$

g) $(-7)^2 + 7^2 + 2^2$

h) $\frac{(3^3+3^1)\cdot 2^2}{4^3-2^2}$

Aufgabe 3

Negative Exponenten - Berechne die folgenden Aufgaben ohne Taschenrechner!

a) 4^{-2}

b) $\left(\frac{3}{4}\right)^{-2}$

c) 5^{-1}

d) $\left(-\frac{1}{2}\right)^{-4}$

e) 10^{-2}

f) $\left(\frac{1}{2}\right)^{-2} + (3)^{-2} + \left(\frac{1}{6}\right)^{-2}$

g) $3^{-1} + 2^{-3} + 4^{-1}$

h) $\left(-\frac{1}{2}\right)^{-3}$

Aufgabe 4

Schreibe als Potenz mit negativem Exponenten.

a) $\frac{1}{25}$

b) $\frac{1}{64}$

c) $\frac{1}{100}$

d) $\frac{1}{625}$

e) $\frac{1}{36}$

f) $-\frac{1}{216}$

g) $-\frac{1}{27}$

h) $-\frac{1}{8}$

i) $\frac{1}{49}$

j) $\frac{9}{16}$

k) $\frac{64}{121}$

l) $-\frac{27}{8}$

Aufgabe 5

Schreibe als Potenz mit positivem Exponenten

a) x^{-5}

b) $\left(\frac{b}{a}\right)^{-1}$

c) $(x+y)^{-2}$

d) 5^{-3}

e) $2x + y^{-3}$

f) $\left(\frac{3}{4}x\right)^{-1}$

g) $(-5)^{-4}$

h) $(8x)^{-2}$

i) $\frac{1}{4x^{-3}}$

Aufgabe 6

Vereinfache die Terme!

a) $3a^7 \cdot 5a^{-5}$ b) $7c^5 \cdot (-c)^{-2}$ c) $\frac{28 \cdot (-c)^2}{7 \cdot (-c^4)}$

Aufgabe 7

Fasse zu einer Potenz zusammen!

a) $\frac{64^n}{8^n}$ b) $\frac{(bc)^{-3}}{c^{-3}}$ c) $\frac{(x-2)^{-2}}{(x^2-4)^{-2}}$

Aufgabe 8

Vereinfache!

a) $(y^3)^{-4}$ b) $(u^n)^{n+1}$ c) $[(a^{-1})^2]^3$

d) $(a^n)^{-n}$ e) $(x^2)^{-2}$ f) $[(y^n)^2]^{\frac{1}{2}}$

Aufgabe 9

Berechne schrittweise und durch Kürzen, ohne Taschenrechner!

a) $\frac{21^4 \cdot 8^{-3}}{24^{-3} \cdot 3^4}$ b) $\frac{35^{10}}{5^8 \cdot 7^8}$ c) $\frac{8^{-2} \cdot 32}{4^2 \cdot 64^{-2}}$

Aufgabe 10

Vereinfache und fasse zusammen!

a) $\frac{(4xy)^{10} \cdot (y^{-3})^2}{(-x)^6 \cdot (-4y)^{10}}$ b) $\frac{64u^5 \cdot v^3}{(-2uv)^4}$ c) $\left(\frac{x^{-1} \cdot y^{-2}}{z}\right)^{-1} \cdot (-yz)^{-1}$

Aufgabe 11

Multipliziere aus und fasse zusammen!

a) $a^u \cdot (1 + 4a^{-u})$ b) $(x^3 + 4)^2 - (x^3 - 4)^2$

c) $(b^x + 3) \cdot (b^x - 3)$ d) $(x^2 + 4) \cdot (x^2 + 4)$

Aufgabe 12:
Faktorisiere oder Klammere aus! Erinnere dich an die binomischen Formeln und den Satz von Vieta.

a) $a^{n+1} + 4a^n$

b) $a^6 + 3a^3 - 10$

c) $a^{2n} + 4a^n + 4$

d) $b^4 - 16$

e) $b^4 + b^2 + 2^{-2}$

f) $2a^4 - 8a^2$

11.3 Wissenschaftliche Schreibweise mit Zehnerpotenzen

In der Wissenschaft, vor allem der Physik, werden sehr häufig Zahlen miteinander multipliziert, die viele Stellen hinter dem Komma aufweisen und sehr klein (z.B. die Elementarladung eines Elektrons) oder auch sehr groß (z.B. Lichtgeschwindigkeit, Masse der Erde) sind. Diese Zahlen werden daher in der sogenannten Zehnerpotenzschreibweise geschrieben.

Beispiele

	Lichtgeschwindigkeit	**Elektronenmasse**
Exakter Wert	$299\,792\,458\ m/s$	$9{,}109383702 \cdot 10^{-31} kg$
Im Alltag	$300\,000\ km/s$	-
In Standard-Einheit	$300\,000\,000\ m/s$	-
Wissenschaftlich, auf 3 Ziffern gerundet	$3{,}00 \cdot 10^8\ m/s$	$9{,}11 \cdot 10^{-31} kg$

In der Schulphysik ist es in der Regel Standard, eine Größe auf 3 Ziffern Genauigkeit anzugeben. Das bedeutet eine Stelle vor dem Komma, zwei Stellen nach dem Komma, der Rest wird in Zehnerpotenzschreibweise angegeben.

Aufgabe 1

Berechne die bekannte Formel $E = m_e \cdot c^2$ und gib das Ergebnis in wissenschaftlicher Schreibweise mit 3 gültigen Ziffern an!

Mit: m_e: Elektronenmasse, $m_e = 9{,}109383702 \cdot 10^{-31} kg$
C: Lichtgeschwindigkeit, $c = 299\,792\,458 \,\frac{\mathrm{m}}{\mathrm{s}}$

Alternativ können die Werte für m_e, c auch aus dem Speicher der meisten Taschenrechner entnommen werden!

Aufgabe 2

Für den freien Fall gilt die Formel $s(t) = \frac{1}{2} g \cdot t^2$.
Bestimme die zurückgelegte Strecke nach einer Fallzeit von 3 Sekunden.

Mit g: Erdbeschleunigung, $g = 9{,}80665\, m/s^2$,
t: Zeitdauer des Falls

Aufgabe 3

Ein Lichtquant hat die Energie $E = h \cdot f = \frac{h \cdot c}{\lambda}$.
Bestimme die Energie eines Lichtquants mit der Wellenlänge $\lambda = 550\, nm$ (grün).

Mit h: Planck'sches Wirkungsquantum, $6{,}62607015 \cdot 10^{-34} Js$
c: Lichtgeschwindigkeit, $c = 299\,792\,458 \,\frac{m}{s}$
nm: Nanometer $1nm = 1 \cdot 10^{-9} m$

12 Parabeln und quadratische Funktionen

Parabeln nennt man die Schaubilder zu quadratischen Funktionen. Eine allgemeine quadratische Funktion hat die Form $f(x) = a \cdot x^2 + b \cdot x + c$.

Parabeln haben eine wichtige Bedeutung in der Natur und Architektur. Z.B. lernen wir in der Physik, dass die Bahnkurve des schrägen Wurfs parabelförmig ist.

Bauwerke, die die Form einer Parabel oder parabelförmige Elemente aufweisen, sind in der Architektur nicht ganz so häufig anzutreffen. Dennoch gibt es einige Beispiele, von denen wir hier drei dargestellt haben.

Opernhaus in Sydney, Australien
Die Dachkonstruktion besteht aus parabelförmigen Schalen.

Bild: https://freesvg.org/sydney-opera-house

Gateway Arch (Tor-Bogen) in St. Louis, Missouri USA

Bild: https://freesvg.org/st-louis-gateway-arch-vector-image

Harbour Bridge in Sydney, Australien - Die Bogenform der Brücke ist parabelförmig.

Bild: https://freesvg.org/1546976661

Tipps für weitere Recherchen nach parabelförmigen Erscheinungen in der Natur:

Gib z.B. folgende Suchbegriffe in einer Internet-Suchmaschine ein, um weitere Beispiel zu finden: **„parabelförmige Wasserspiele“ oder „parabelförmiger Ballwurf“**.

12.1 Die Funktionsgleichung der Parabeln $f(x) = a \cdot x^2$

12.1.1 Wertetabelle der Normalparabel $f(x) = x^2$

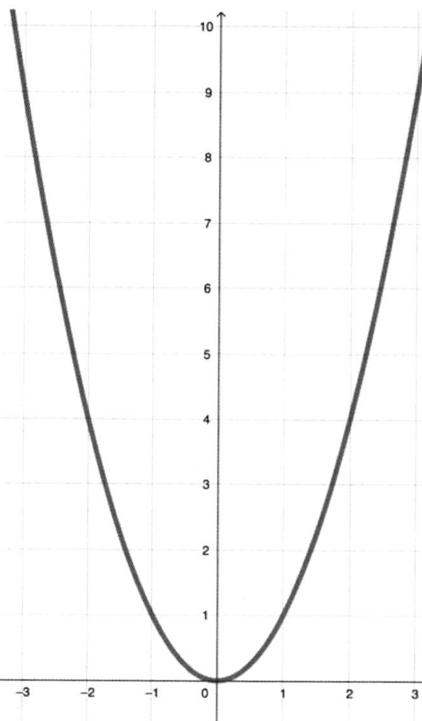

Das Schaubild der Funktion $f(x) = x^2$ nennt man **Normalparabel.**

Ergänze die Wertetabelle für die Normalparabel:

x	-3	-2	-1	0	1	2	3
$y = x^2$							

Tipp:

1. Diese Wertetabelle kannst du durch Ablesen im Bild links ergänzen.

2. Dein Taschenrechner kann möglichweise auch Wertetabellen für Funktionen erstellen.

12.2 Parabelschablonen erstellen

Für den Unterricht und das Verständnis von Parabeln ist es hilfreich, wenn man Schablonen für verschiedene Parabeln zur Verfügung hat.

1. Zeichne die folgenden Parabeln in ein Koordinatensystem:

   - $f(x) = x^2$
   - $f(x) = 2 \cdot x^2$
   - $f(x) = \frac{1}{2} \cdot x^2$
   - $f(x) = \frac{1}{4} \cdot x^2$

   Erstelle hierzu jeweils Wertetabellen von $x = -3$ bis $x = 3$ in der Schrittweite $\Delta x = 0{,}5$.

2. Klebe den Ausschnitt des Koordinatensystems auf einen Karton und schneide die Parabeln aus.

12.2.1 Parabeln erkunden mit GeoGebra

GeoGebra ist eine kostenlose dynamische Mathematik-Software, die entwickelt wurde, um Mathematik zu visualisieren und zu erforschen. Sie bietet eine leistungsfähige Kombination aus geometrischen, algebraischen, grafischen und rechnerischen Funktionen, die es ermöglichen, mathematische Konzepte interaktiv zu untersuchen. GeoGebra kann als App auf Tablets und Smartphones installiert oder im Browser aufgerufen werden: https://www.geogebra.org/calculator.

1. Gib in GeoGebra die Funktion $\boldsymbol{y = a\,x^2}$ ein. In diesem Fall erscheint auf der linken Seite des Bildschirms oder im Koordinatensystem ein Schieberegler mit dem Parameter a.

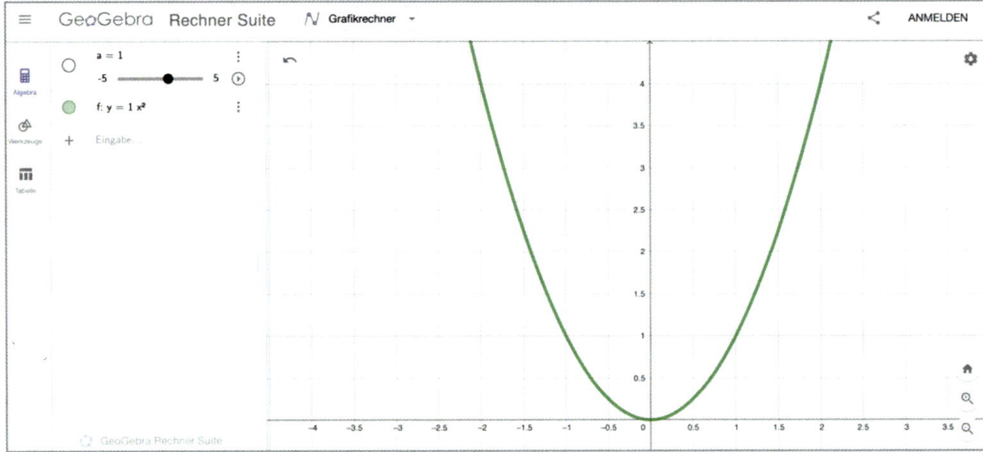

2. Verändere den Parameter $\boldsymbol{a}$ und erkunde die Darstellung der Parabel im Koordinatensystem. Wähle verschiedene Werte für a, insbesondere auch negative Werte. **Den Faktor $\boldsymbol{a}$ in der Funktionsgleichung $\boldsymbol{f(x) = a \cdot x^2}$ nennt man Streckfaktor!**

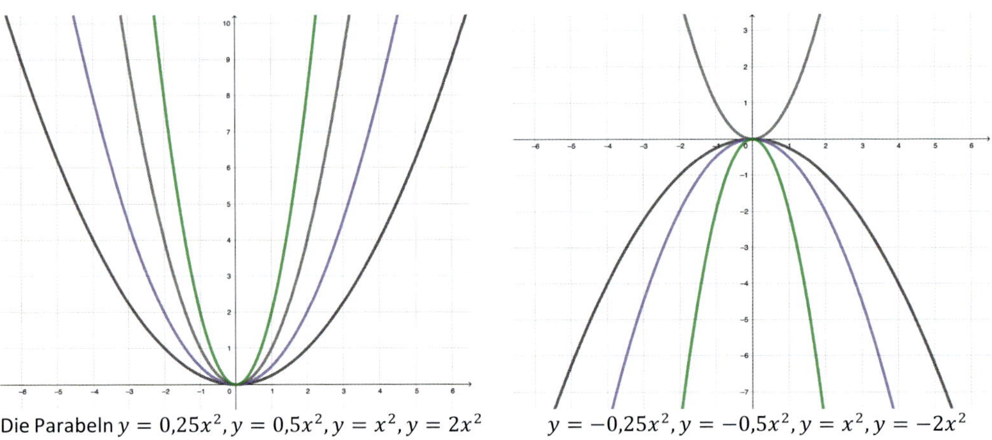

Die Parabeln $y = 0{,}25x^2, y = 0{,}5x^2, y = x^2, y = 2x^2$ $\qquad$ $y = -0{,}25x^2, y = -0{,}5x^2, y = x^2, y = -2x^2$

12.3 Verschiebung einer Parabel in y - Richtung

Verschiebt man eine allgemeine Parabel mit der Funktionsgleichung: $f(x) = a \cdot x^2$ in y-Richtung im Koordinatensystem um die Länge b, so lautet die Funktionsgleichung: $\boldsymbol{f(x) = a \cdot x^2 + b}$.

12.3.1 Parabeln in y-Richtung verschieben und zeichnen

Aufgabe 1

Zeichne die Parabeln zu den genannten Gleichungen mit Hilfe der x^2 – Schablonen, die du erstellt hast, in ein gemeinsames Koordinatensystem.

a) $f(x) = x^2 + 2$ b) $f(x) = -x^2 + 4$ c) $f(x) = -\frac{1}{2}x^2 + 3$

d) $f(x) = 2x^2 - \frac{3}{2}$ e) $f(x) = -0{,}25x^2 - 1$ f) $f(x) = -2x^2 + 5$

Aufgabe 2

Zeichne die Parabeln zu den genannten Gleichungen mit **GeoGebra** in ein gemeinsames Koordinatensystem.

a) $f(x) = 4x^2 + 4$ b) $f(x) = 5x^2 + 8$ c) $f(x) = 3x^2 - 3$

d) $f(x) = -6x^2 + 10$ e) $f(x) = \frac{1}{8}x^2 - 1$ f) $f(x) = \frac{2}{5}x^2 - \frac{3}{5}$

g) $f(x) = -0{,}1x^2 + 2$ h) $f(x) = -\frac{3}{4}x^2 + 3$ i) $f(x) = -\frac{3}{2}x^2 + \frac{3}{2}$

Aufgabe 3

Stelle mit GeoGebra die allgemeine Parabel $y = a \cdot x^2 + b$ dar, so dass die Parameter $\boldsymbol{a}$ und $\boldsymbol{b}$ mit einem Schieberegler verändert werden können!

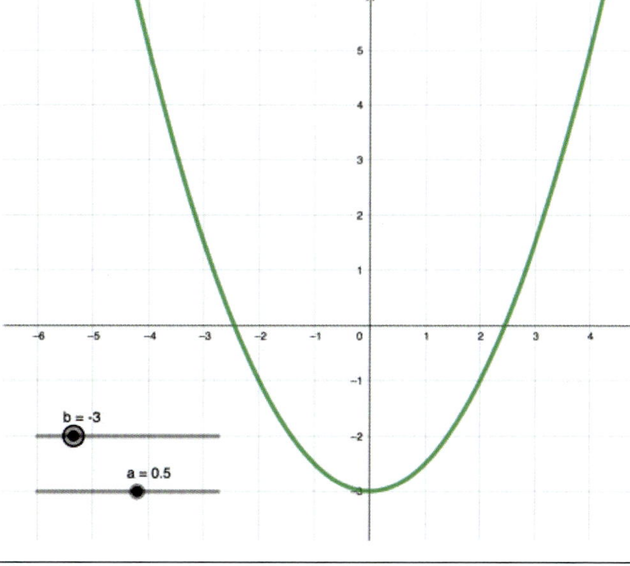

12.3.2 Parabeln der Form $f(x) = a \cdot x^2 + c$ erkennen

Den höchsten oder tiefsten Punkt einer Parabel nennt man Scheitelpunkt. Die Lage des Scheitelpunkts zeigt und das Maß der Verschiebung in y-Richtung. Den Streckfaktor können wir berechnen, wenn wir vom Scheitelpunkt um 1 nach rechts oder links gehen und dann die y-Veränderung ablesen.

Beispiel 1

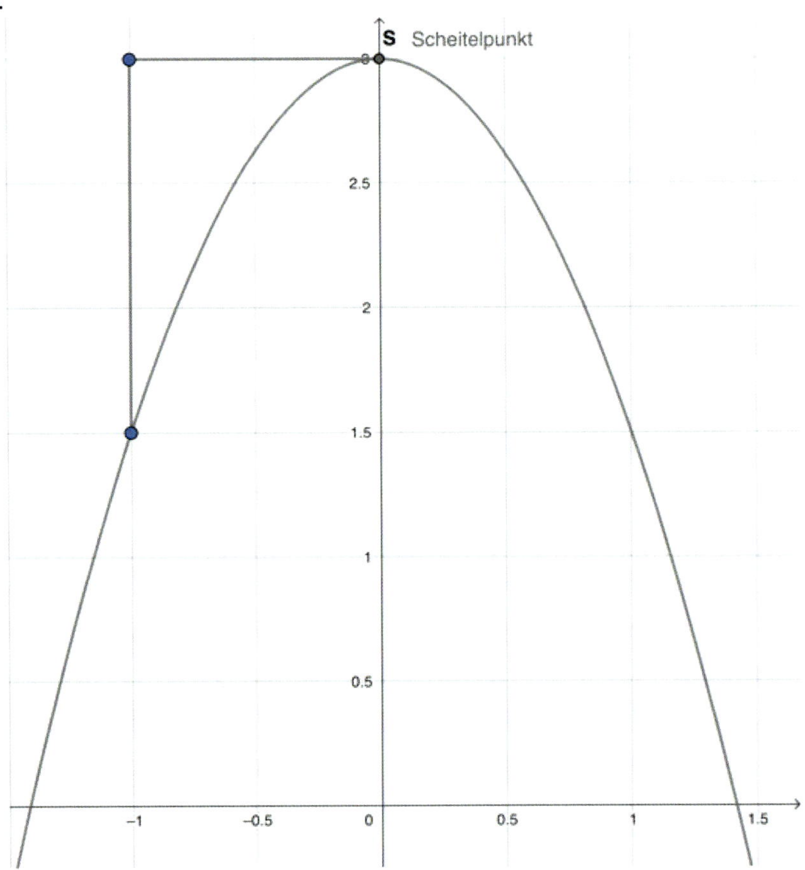

Der Scheitelpunkt in dem Bild liegt bei $S = (0\,|3\,)$, d.h. es liegt eine Verschiebung um $+3$ in y-Richtung vor. Im Bild gehen wir vom Scheitelpunkt **1 Schritt nach links** und **1,5 Schritte** nach unten, um wieder einen Punkt auf dem Schaubild der Parabel zu treffen. Die „normale" Schrittweite bei der Normalparabel $f(x) = x^2$ wäre:
$1 \rightarrow x$ – Richtung, $1 \rightarrow y$ – Richtung.
Jetzt haben wir für y den Wert 1,5, d.h. der Streckfaktor beträgt $a = -1{,}5$.
Das Minuszeichen resultiert aus der Öffnung der Parabel nach unten!
In unserem Beispiel lautet die Gleichung für die Parabel:

$$\boldsymbol{f(x) = -1{,}5 \cdot x^2 + 3}$$

Beispiel 2

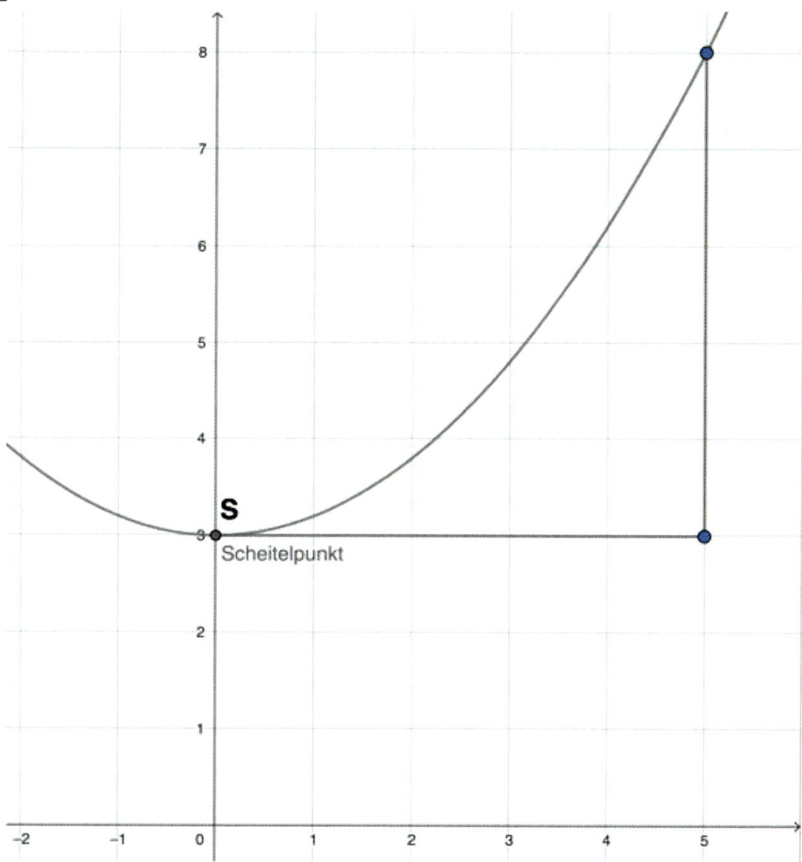

Der Scheitelpunkt in dem Bild liegt bei $S = (0 \mid 3)$, d.h. es liegt eine Verschiebung um $+3$ in y-Richtung vor. Im Bild gehen wir vom Scheitelpunkt **5 Schritte nach rechts** und **5 Schritte** nach oben, um wieder einen Punkt auf dem Schaubild der Parabel zu treffen. Bei $x = 5$ wäre der y-Wert bei der Normalparabel $\boldsymbol{y = 25}$.

Es liegt also ein Streckfaktor von $a = \frac{1}{5} = 0{,}2$ vor. **Daher lautet die Gleichung in unserem Beispiel für die Parabel:**

$$\boldsymbol{f(x) = 0{,}2 \cdot x^2 + 3}$$

Aufgabe 1
Wie lauten die Gleichungen für die abgebildeten Parabeln a, b, c, d ?
Gib zu jeder Parabel auch den Scheitelpunkt an!

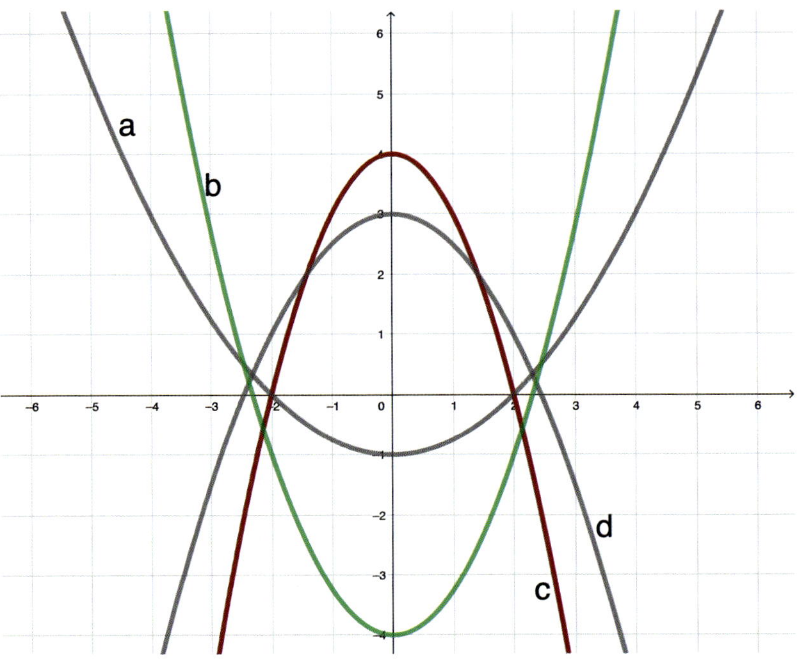

Aufgabe 2
Wie lauten die Gleichungen für die abgebildeten Parabeln e, f, g, h ?
Gib zu jeder Parabel auch den Scheitelpunkt an!

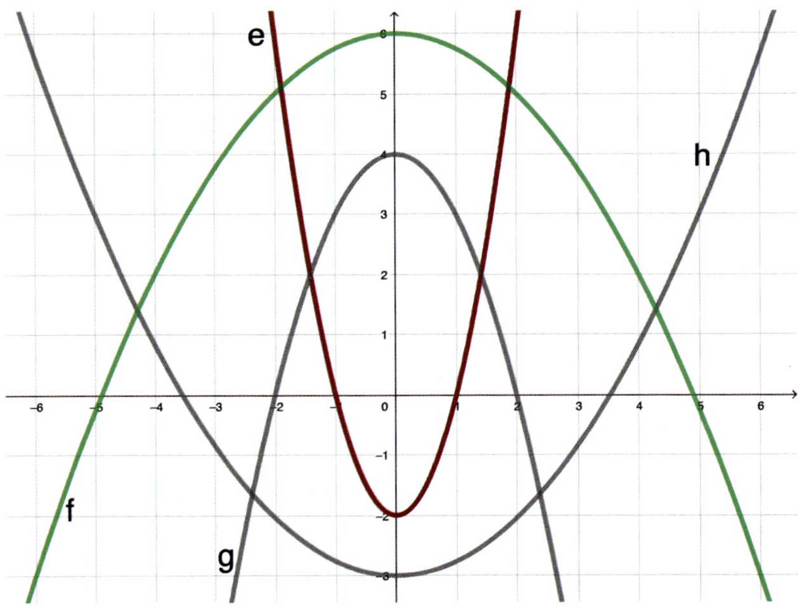

12.4 Verschiebung einer Parabel in x - Richtung

Wir zeichnen eine Normalparabel mit der Gleichung: $\boldsymbol{f(x) = x^2}$ mit unserer Schablone ins Koordinatensystem, verschoben um + 2 in x - Richtung.

Nachdem der Graph gezeichnet wurde, wollen wir eine Wertetabelle erstellen.

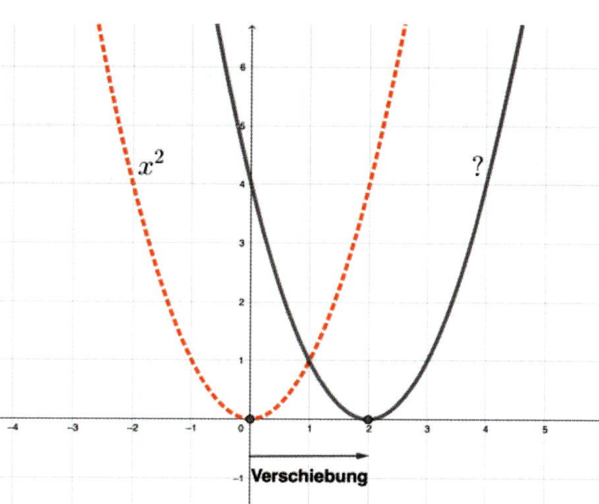

x	0	1	2	3	4
$y = x^2$					
$y = ?$ verschobene Parabel					

Die Funktionsgleichung für die verschobene Parabel lautet: $\boldsymbol{f(x) = (x - 2)^2}$

Wird eine Parabel der Form $\boldsymbol{f(x) = a \cdot x^2}$ um den Wert b in x – Richtung verschoben, lautet die neue Gleichung: $\boldsymbol{f(x) = a \cdot (x - b)^2}$.

Beachte, dass bei Verschiebung in positive x – Richtung in der Klammer ein Minuszeichen steht. Bei entgegengesetzter Verschiebung in negative Richtung steht in der Klammer ein Pluszeichen.

Aufgabe 1

Zeichne die folgenden Parabeln mit Hilfe deiner Schablonen in ein Koordinatensystem.

a) $f(x) = (x - 1)^2$ b) $f(x) = (x - 5)^2$ c) $f(x) = (4 - x)^2$

d) $f(x) = -(x + 3)^2$ e) $f(x) = (x + 4)^2$ f) $f(x) = (x - 3)^2$

g) $f(x) = (x + 2)^2$ h) $f(x) = (x - 0{,}5)^2$ i) $f(x) = -\left(x + \frac{3}{2}\right)^2$

Aufgabe 2
Zeichne die folgenden Parabeln mit Hilfe deiner Schablonen in ein Koordinatensystem.

a) $f(x) = \frac{1}{2}(x+2)^2$ b) $f(x) = 2(x+3)^2$ c) $f(x) = (4-x)^2$

d) $f(x) = -2(x-4)^2$ e) $f(x) = \frac{1}{2}\left(x+\frac{3}{2}\right)^2$ f) $f(x) = 2(x+5)^2$

g) $f(x) = \frac{1}{4}(x+1)^2$ h) $f(x) = -(x-2)^2$ i) $f(x) = -\frac{1}{2}(x-5)^2$

Aufgabe 3
Zeichne die folgenden Parabeln mit Hilfe deiner Schablonen in ein Koordinatensystem. **Jetzt mit einer zusätzlichen Verschiebung in y-Richtung**!

a) $f(x) = (x+1)^2 - 2$ b) $f(x) = 2(x+3)^2 + 5$

c) $f(x) = -(x+3)^2 + 1$ d) $f(x) = -\frac{1}{2}\left(x-\frac{1}{2}\right)^2 + 4$

e) $f(x) = \frac{1}{2}(x-2)^2 - 3$ f) $f(x) = -(x+5)^2 + 6$

12.5 Die Scheitelpunktform

Die durch die Verschiebungen hergeleitete Form einer Parabelgleichung: $f(x) = a \cdot (x+b)^2 + c$ nennen wir **Scheitelpunktform**. Der Scheitelpunkt mit seinen x - und y - Werten kann in dieser Form direkt abgelesen werden:

c: Verschiebung in y – Richtung, gibt den y – Wert des Scheitelpunktes an!
-b: Verschiebung in x – Richtung, gibt den x – Wert des Scheitelpunktes an!

Beispiel
Die Parabel mit der Gleichung $\boldsymbol{f(x) = (x-2)^2 + 3}$ hat den Scheitelpunkt $\boldsymbol{S\,(2 \mid 3)}$.

Beachte, dass ein **negatives Vorzeichen** vor der x – Verschiebung eine Verschiebung in positive x – Richtung bedeutet.

Aufgabe 1

Notiere die Scheitelpunkt - Gleichung für die Parabeln mit den folgenden Parametern:

	Streckfaktor	Verschiebung in x - Richtung	Verschiebung in y - Richtung
a)	-2	$+3$	-2
b)	$\frac{1}{2}$	-1	-5
c)	-1	$+2$	$+\frac{5}{2}$
d)	$-\frac{1}{4}$	$+5$	$+3$
e)	4	-4	$-\frac{3}{2}$
f)	$\frac{3}{4}$	$\frac{3}{2}$	$\frac{1}{2}$

Aufgabe 2

Gib den Scheitelpunkt der Parabeln sowie die Öffnungsrichtung an.

a) $f(x) = (x-2)^2 + 1$

b) $f(x) = -(x-5)^2 + 6$

c) $f(x) = -(x+1)^2 - 3$

d) $f(x) = (x+3)^2 - 2$

e) $f(x) = \frac{1}{2}\left(x + \frac{1}{2}\right)^2 + \frac{3}{2}$

f) $f(x) = \frac{3}{2}(x + 0{,}7)^2 + 1{,}5$

g) $f(x) = 2(x+4)^2 - 5$

h) $f(x) = 1{,}5(x + 0{,}5)^2 - 2{,}5$

i) $f(x) = -\frac{1}{2}\left(x - \frac{3}{2}\right)^2 + 4$

j) $f(x) = -3(x-1)^2 + 2$

12.6 Die Normalform

Als Normalform bezeichnet man die allgemeine Form: $\boldsymbol{f(x) = a \cdot x^2 + b \cdot x + c}$ der Parabelgleichung. Aus dieser Form können wir den Scheitelpunkt nicht direkt ablesen. Trotzdem kommt diese Form häufiger in Aufgaben und in der Praxis vor.

Aufgabe 1

Bringe die folgenden Parabeln durch Termumformung in die Normalform.

a) $f(x) = (x-2)^2 + 4$

b) $f(x) = -(x-5)^2 + 20$

c) $f(x) = -(x+1)^2 - 2$

d) $f(x) = (x+3)^2 - 8$

e) $f(x) = \frac{1}{2}\left(x + \frac{1}{2}\right)^2 + \frac{1}{8}$

f) $f(x) = 4(x+0{,}5)^2 + 2$

g) $f(x) = 2(x-1)^2 - 2$

h) $f(x) = 2(x+1{,}5)^2 - 2{,}5$

i) $f(x) = -(x-3)^2 + 9$

j) $f(x) = -2(x-4)^2 + 28$

12.7 Die quadratische Ergänzung

Aus der Normalform müssen wir eine Binomische Formel erstellen können. Bei genauem Hinschauen sehen wir in der Scheitelpunktform eine binomische Formel:

$$f(x) = a \cdot (\boldsymbol{x} + \boldsymbol{b})^2 + c$$

Die Normalform müssen wir um einen Teil ergänzen, damit wir die Technik der „**binomischen Formel rückwärts**" anwenden können, welche wir schon in einigen Kapiteln zuvor behandelt haben.

Beispiel:

Bringe die folgende Normalform – Gleichung: $\boldsymbol{f(x) = x^2 + 4 \cdot x + 10}$
in die Scheitelpunktform.

Wir betrachten zunächst nur den ersten Teil der Gleichung: $\boldsymbol{x^2 + 4 \cdot x}$
Jetzt überlegen wir, was für eine binomische Formel noch fehlt.
In diesem Fall entsteht durch Addition von 4 eine
binomische Formel: $\boldsymbol{x^2 + 4 \cdot x + 4}$

Wir dürfen insgesamt aber nur NULL addieren, um den Term nicht zu verändern. Also subtrahieren wir wieder 4: $\boldsymbol{x^2+4\cdot x+4-4}$

Jetzt fügen wir die ursprüngliche Gleichung wieder zusammen:

$$\boldsymbol{f(x)=x^2+4\cdot x+4-4+10}$$

Die Addition und Subtraktion der fehlenden Zahl für die „binomische Formel rückwärts" nennt man quadratische Ergänzung!

Im vorderen Teil der Gleichung können wir jetzt eine binomische Formel anwenden, den Rest fassen wir zusammen. Es wird aus unserer Gleichung:

$$\boldsymbol{f(x)=(x+2)^2-4+10=(x+2)^2+6}$$

Die Scheitelpunktform nach Umformung mit Hilfe der quadratischen Ergänzung lautet somit:

$$\boldsymbol{f(x)=(x+2)^2+6}$$

Und der Scheitelpunkt kann wieder abgelesen werden: $\boldsymbol{S\,(-2\,|\,6\,)}$

12.8 Normalform in Scheitelpunktform umwandeln

Aufgabe 1

Wandle die Normalform in die Scheitelpunktform um. Verwende die Technik der quadratischen Ergänzung. Gib den Scheitelpunkt und die Öffnungsrichtung an.

a) $f(x)=x^2-6x-4$

b) $f(x)=2x^2+8x+10$

c) $f(x)=x^2-2x+3$

d) $f(x)=-4x^2+24x$

e) $f(x)=x^2+4x+1$

f) $f(x)=x^2-14x+40$

g) $f(x)=x^2-8x+20$

h) $f(x)=3x^2+18x+24$

i) $f(x)=x^2+16x+58$

j) $f(x)=-x^2-20x-90$

12.9 Normalform mit GeoGebra

Aufgabe 1

a) Erstelle die Darstellung einer Parabel in Normalform, in welcher die Parameter über einen Schieberegler variiert werden können. Stelle so die Parameter für die Gleichungen aus der vorherigen Aufgabe dar und lies die Scheitelpunkte ab.

b) Gib die Scheitelpunktform aus dem Bild für die eingestellten Parameter an. Achte hierbei genau auf die Vorzeichen und mache die Probe, indem du die Parabelgleichung $f(x) = -x^2 - 2x + 4$ mit Hilfe der quadratischen Ergänzung umformst.

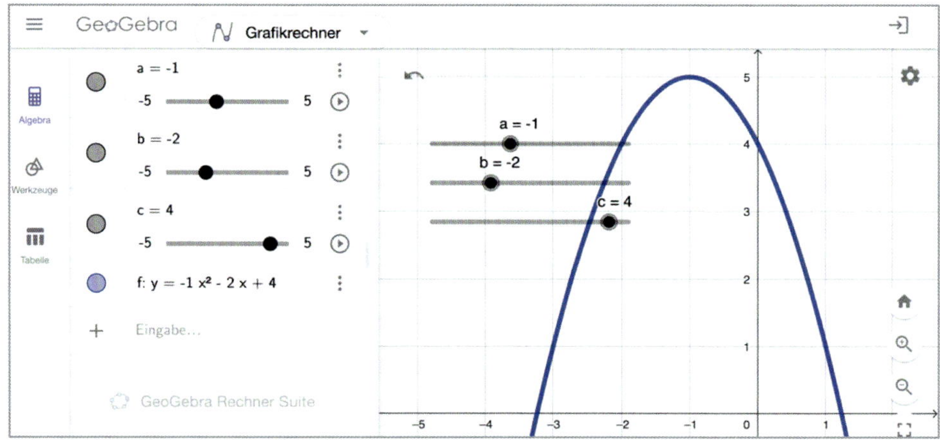

Aufgabe 2

Notiere die Normalform und gib die Scheitelpunktform zu den dargestellten Parabeln an.

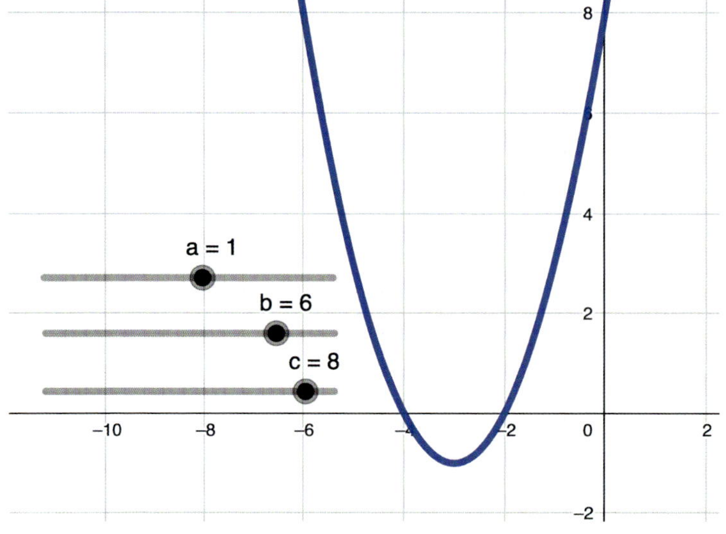

a)
$a = 1,$
$b = 6,$
$c = 8$

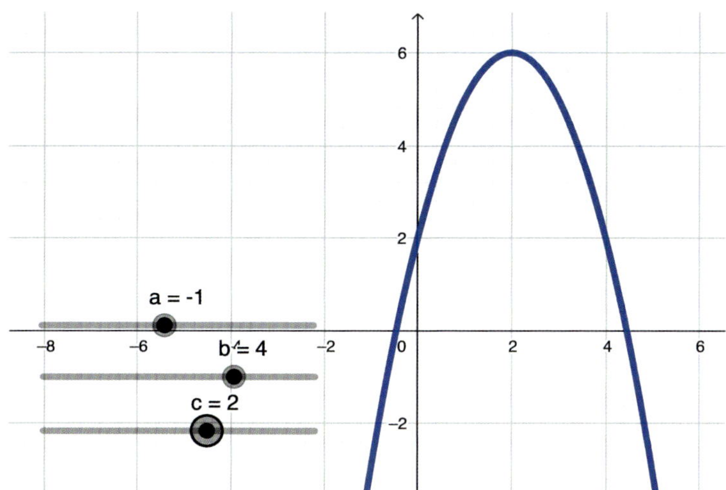

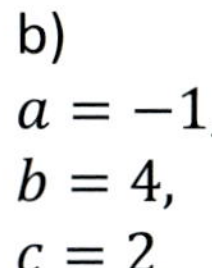

b)
$a = -1,$
$b = 4,$
$c = 2$

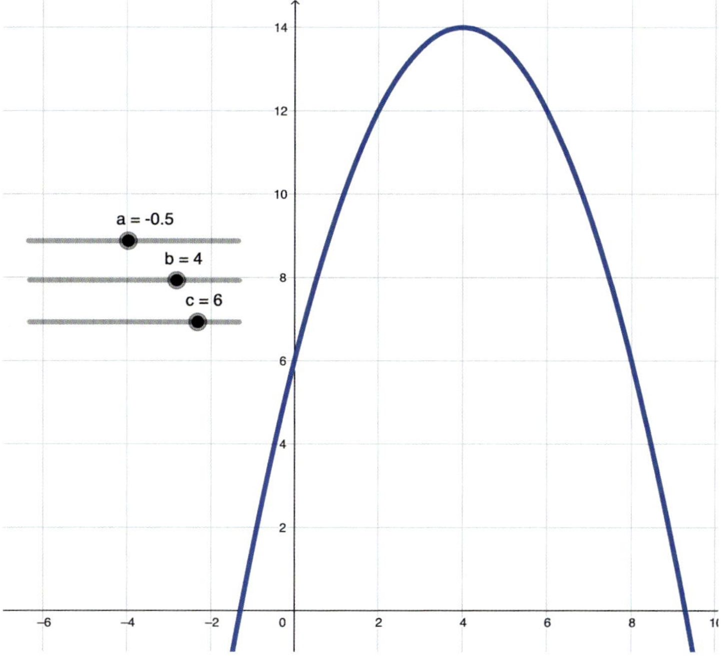

c)
$a = -0{,}5$
$b = 4,$
$c = 6$

12.10 Die Nullstellenform einer Parabel

Symmetrie: Aus den vielen bereits dargestellten Graphen von Parabeln ist klar geworden, dass eine Parabel symmetrisch zum Scheitelpunkt ist. Genauer gesagt liegt eine Achsensymmetrie zu einer Parallelen der y-Achse durch den Scheitelpunkt vor.

Die Kenntnis der Nullstellen einer Parabel lässt uns auf die Lage des Scheitelpunktes schließen. Betrachten wir die Parabel mit der Funktionsgleichung:

$$y = -x^2 + 4$$

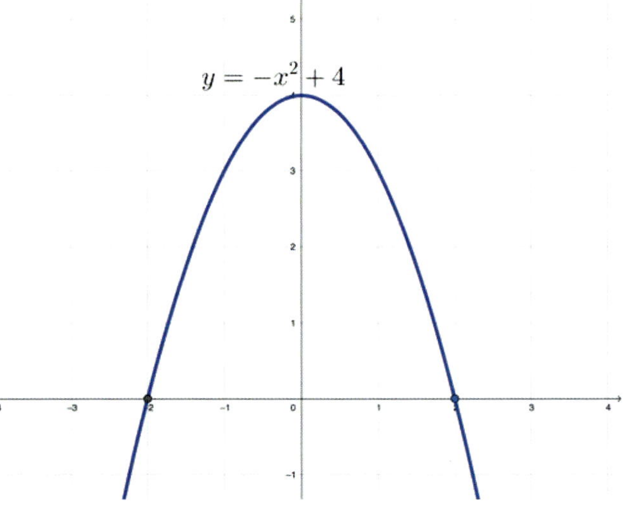

Durch Umformung und Verwendung der dritten binomischen Formel erhalten wir:

$$y = -(x^2 - 4)$$
$$= -(x - 2)(x + 2)$$

Aus dieser Form können wir zwei Nullstellen aus den beiden Klammern ablesen:

$$x_1 = 2,\ x_2 = -2$$

Der Scheitelpunkt liegt auf der y – Achse genau in der Mitte der beiden Nullstellen. Kennt man den Streckfaktor, kann man aus der Nullstellenform noch den Scheitelpunkt bestimmen.
In unserem Beispiel ist der Streckfaktor $a = -1$. Der Scheitelpunkt liegt bei $x = 0$.

Den y – Wert des Scheitelpunktes finden wir, indem wir diese Werte in die Gleichung einsetzen:

$$f(x) = y = a(x - x_1) \cdot (x - x_2) =$$

$$-(x - 2) \cdot (x + 2) = -(0 - 2) \cdot (0 + 2) = -(-4) = 4$$

Der Scheitelpunkt liegt bei $S\ (\ 0 \mid 4\ )$.

Mit Kenntnis der Nullstellen und entsprechender Umformung gelangt man zu der Normalform oder Scheitelpunktform einer Parabel.

Aufgabe 1

Bestimme die Nullstellen aus dem Schaubild. Es handelt sich immer um eine Parabel mit dem angegebenen Streckfaktor. Daher musst du nur die Öffnungsrichtung benutzen, um die Funktionsgleichung aufzustellen. Gib die Nullstellenform sowie die Normalform der Parabelgleichungen an. Die Normalform erhältst du durch Ausmultiplizieren der Nullstellenform.

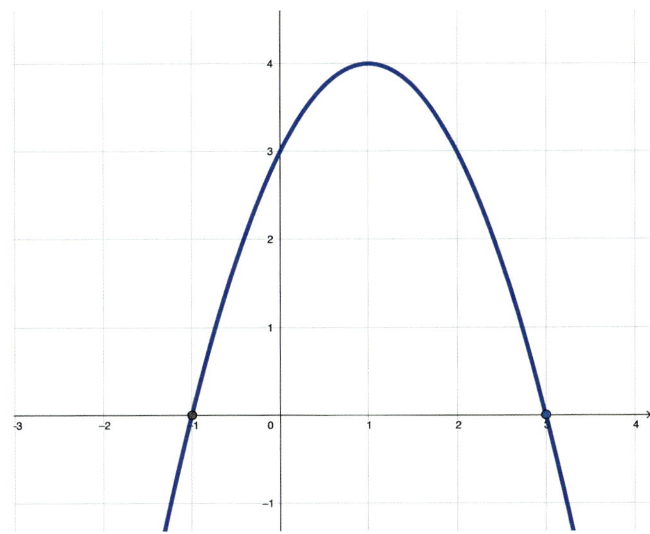

a) Streckfaktor $a = 1$

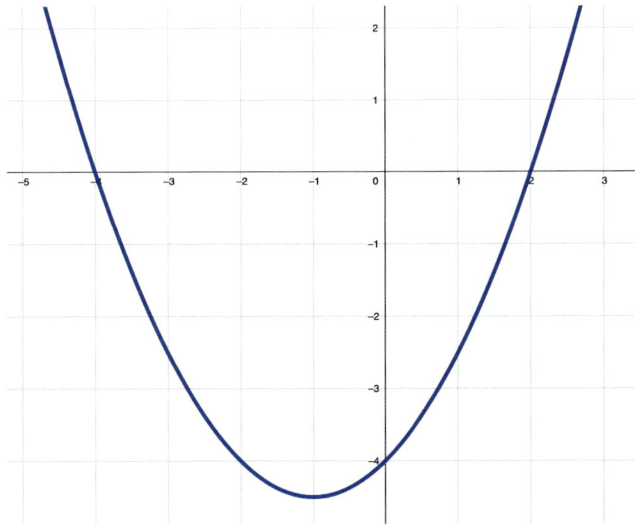

b) Streckfaktor $a = \frac{1}{2}$

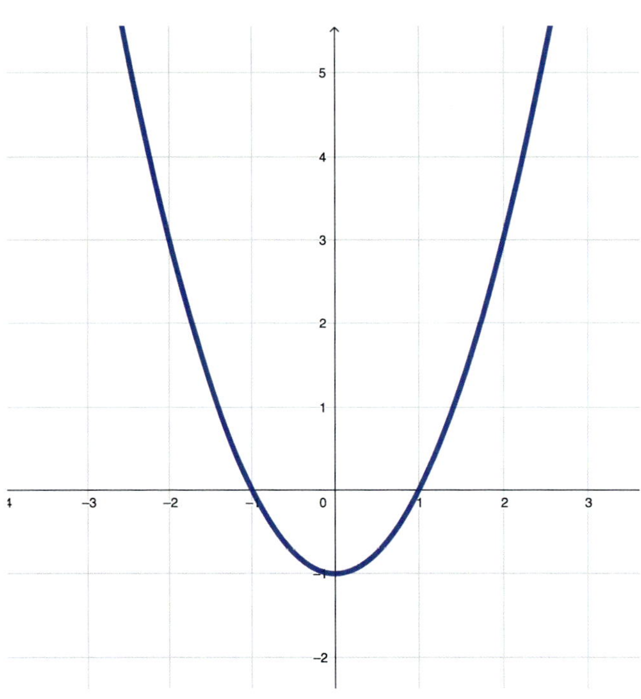

c) Streckfaktor $a = 1$

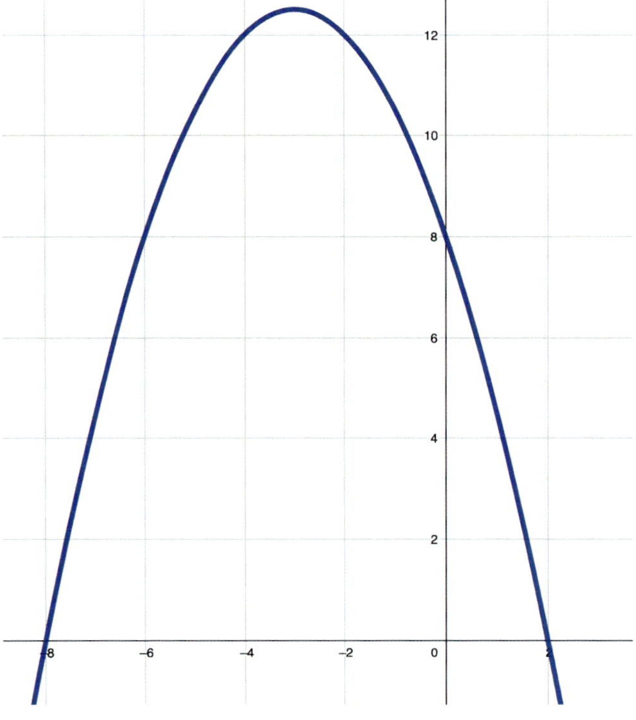

d) Streckfaktor $a = -\frac{1}{2}$

Aufgabe 2

Eine besondere Nullstellenform. Bestimme die Nullstellen und gib die Scheitelpunktform der Parabel an!

a) $f(x) = x^2 - 4x$

b) $f(x) = -2x^2 - 8x$

c) $f(x) = -x^2 + 10x$

d) $f(x) = -4x^2 + 16x$

e) $f(x) = -x^2 + 8x$

f) $f(x) = 7x^2 - 21x$

g) $f(x) = 5x^2 - 20x$

h) $f(x) = \frac{3}{4}x^2 + \frac{1}{2}x$

i) $f(x) = \frac{1}{2}x^2 + 2x$

j) $f(x) = -0{,}2x^2 - 4x$

Aufgabe 3

Bestimme die Nullstellen und gib die Scheitelpunktform der Parabel an!

a) $f(x) = (x - 1) \cdot (x - 6)$

b) $f(x) = 2 \cdot (10 - x) \cdot (x - 4)$

c) $f(x) = \frac{1}{2} \cdot (x - 2) \cdot x + 3)$

d) $f(x) = \frac{1}{4} \cdot (2x + 4) \cdot (x - 2)$

e) $f(x) = -8 \cdot \left(x + \frac{1}{2}\right) \cdot \left(x - \frac{3}{4}\right)$

f) $f(x) = 4x \cdot (x - 8)$

g) $f(x) = (15 - x) \cdot (x - 3)$

h) $f(x) = x \cdot (6 - x)$

i) $f(x) = \left(x + \sqrt{2}\right) \cdot (x - \sqrt{2})$

j) $f(x) = (x - 7) \cdot (3x + 9)$

Aufgabe 4

Bestimme die zweite Nullstelle und stelle die Funktionsgleichung auf. Bedenke, dass die Parabel symmetrisch zur Achse durch den Scheitelpunkt ist!

a) Eine Nullstelle bei $x = 2$, Scheitelpunkt bei $S\ (\ 4 \mid 4\ )$.

b) Eine Nullstelle bei $x = -4$, Scheitelpunkt bei $S\ (\ 0 \mid -16\ )$.

c) Eine Nullstelle bei $x = 0$, Scheitelpunkt bei $S\ (\ -3 \mid 9\ )$.

d) Eine Nullstelle bei $x = -8$, Scheitelpunkt bei $S\ (\ -2 \mid 18\ )$.

12.11 Gemischte Aufgaben

Aufgabe 1
Welche Gleichungen beschreiben die abgebildete Parabel?

a)

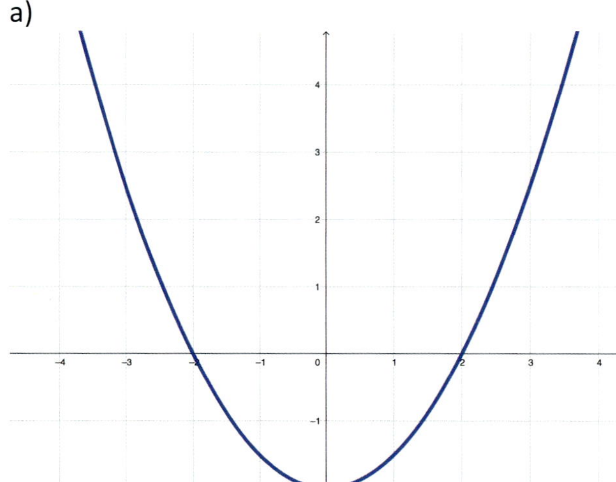

- ❒ $y = \frac{1}{2} \cdot (x-2)(x+2)$
- ❒ $y = x \cdot (x+2)$
- ❒ $y = x^2 - 4$
- ❒ $y = \frac{1}{2}x^2 - 2$
- ❒ $y = (x+1)(x-2)$

b)

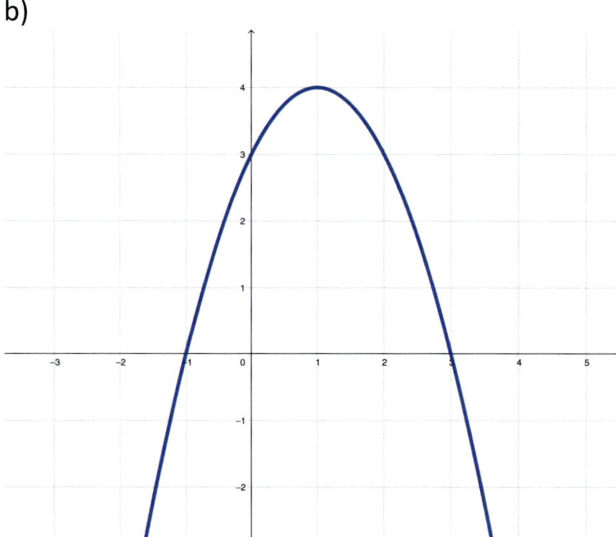

- ❒ $y = -(x-1)(x+3)$
- ❒ $y = -(x-3) \cdot (x+1)$
- ❒ $y = x^2 - 9$
- ❒ $y = -x^2 + 2x + 3$
- ❒ $y = (x+1)(x-3)$

c)

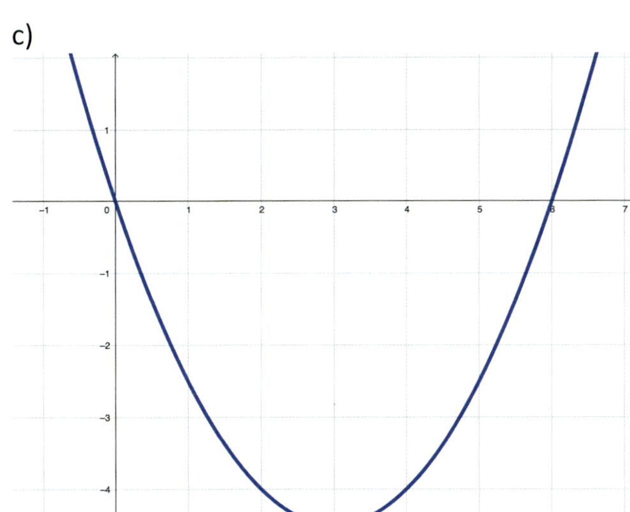

❒ $y = x \cdot (x - 6)$

❒ $y = x \cdot (x + 6)$

❒ $y = \frac{1}{2}x \cdot (x - 6)$

❒ $y = \frac{1}{2}x^2 - 3x$

❒ $y = \frac{1}{2}x \cdot (x - 3)$

Aufgabe 2

Bestimme die Gleichung der jeweiligen Parabel aus dem angegebenen Scheitelpunkt und einem weiteren Punkt, der auf der Parabel liegt.

a) $S\,(\,1\,|\,2\,), P\,(\,0\,|\,1\,)$

b) $S\,(\,-4\,|\,7\,), P\,(\,-7\,|\,5\,)$

c) $S\,(\,2\,|\,6\,), P\,(\,1\,|\,4\,)$

d) $S\,(\,-1\,|-2\,), P\,(\,3\,|\,6\,)$

Aufgabe 3

a) Folgende Punkte sollen auf der **nicht verschobenen Normalparabel $f(x) = x^2$** liegen. Gib die fehlenden Koordinaten der Punkte an!

$A\,(\,0\,|\quad)$ $\qquad B\,(\,2\,|\quad)$ $\qquad C\left(\,\frac{1}{4}\,|\quad\right)$ $\qquad D\,(-4\,|\quad)$

b) Folgende Punkte sollen auf der **nach unten geöffneten Normalparabel** mit der Gleichung $f(x) = -x^2$ liegen. Gib die fehlenden Koordinaten der Punkte an!

$A\,(\,1\,|\quad)$ $\qquad B\,(\,-4\,|\quad)$ $\qquad C\left(\,\frac{1}{4}\,|\quad\right)$ $\qquad D\,(\,8\,|\quad)$

Aufgabe 4

Eine Fußgängerbrücke wird von einem parabelförmigen Bogen getragen. An seiner höchsten Stelle ist der Bogen 16 m hoch und die Spannweite zwischen den beiden Fundamenten auf Wasserhöhe beträgt 45 m. Bestimme eine mögliche Funktionsgleichung für diese Parabel.

Aufgabe 5

Die Sydney Harbour Bridge hat vom linken zum rechten Turm eine Länge von 503 Metern. Der untere parabelförmige Bogen hat eine Höhe von etwa 110 Metern.

a) Wähle und zeichne ein geeignetes Koordinatensystem.

b) Zeichne die drei bekannten Punkte ein und bestimme eine Funktionsgleichung für den unteren Parabelbogen.

Aufgabe 6

Bei einer Parabel soll der Abstand von Nullstelle zu Nullstelle genauso groß sein wie der Abstand von Scheitelpunkt zu x – Achse. Die Parabel mit den Nullstellen $x = -4$ und $x = 4$ und dem Scheitelpunkt $S(0 \mid 8)$ würde diese Bedingung erfüllen.

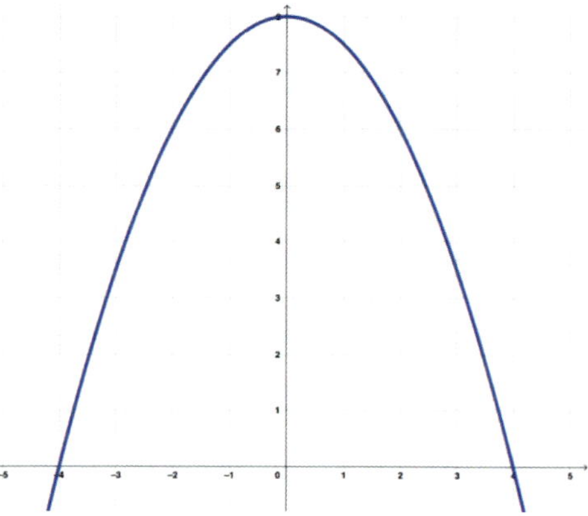

a) Bestimme die Funktionsgleichung der Parabel für die genannten Beispielwerte.

b) Bestimme eine allgemeine Funktionsgleichung, wenn die beiden Nullstellen den Wert $+a$ und $-a$ haben.

13 Quadratische Gleichungen lösen

13.1 Warum quadratische Gleichungen lösen?

Dem Schaubild von Parabeln liegt eine quadratische Funktion zugrunde. Um die Nullstellen auszurechnen, muss man eine quadratische Gleichung lösen. Der Wurf bzw. Fall in der Physik, ob schräg, senkrecht oder waagerecht wird ebenfalls durch eine quadratische Funktion beschrieben. Beim Wurf bzw. Fall ist die Gravitationskraft dafür verantwortlich, dass es am Ende eine quadratische Funktion wird. Die Beispiele könnte man beliebig erweitern.
Beispiele für quadratische Gleichungen und nur einige verschiedene Formen:

$$x \cdot (x-4) = 10 \qquad 4x^2 - 16x + 20 = 0$$

$$(x+3)^3 - 5 = 2 \qquad (x+3) \cdot (x-4) = 0$$

$\boldsymbol{x^2 + px + q = 0}$ **nennt man Normalform einer quadratischen Gleichung!**

13.2 Lösungsverfahren für quadratische Gleichungen

Folgende Verfahren können wir zum Lösen einer quadratischen Gleichung anwenden:

- Ausklammern von x
- Zurückführen auf eine binomische Formel
- Faktorisieren für die Nullstellenform und die Nullproduktregel
- Quadratische Ergänzung, um eine binomische Formel zu erhalten
- Eine allgemeine Lösungsformel für quadratische Gleichungen, die sog. p-q-Formel

Bevor wir die einzelnen Lösungsverfahren anwenden und üben, wollen wir die p-q-Formel herleiten. Eine quadratische Gleichung liege in der folgenden Form vor:

$$a \cdot x^2 + b \cdot x + c = 0 \qquad |: a$$

$$x^2 + \frac{b}{a} \cdot x + \frac{c}{a} = 0 \qquad |: a$$

In dieser Form nennen wir die Faktoren um, so dass die Gleichung für alle weiteren Berechnungen lautet:

$$x^2 + p \cdot x + q = 0$$

Lösen wir eine quadratische Gleichung mit der p-q-Formel, muss sie in dieser Form vorliegen. Um die Formel zu verstehen, sollte man die folgenden Schritte nachvollziehen und am Ende verstehen, wie es zu der p-q-Formel kam.
Um aus einer quadratischen Gleichung die Wurzel ziehen zu können, müssen wir die Teile des Terms mit x so zusammenfassen, dass wir später die Wurzel ziehen können.

Für die binomische Formel rückwärts benötigen wir dazu noch den Term $\left(\frac{p}{2}\right)^2$, den wir als quadratische Ergänzung hinzufügen.

$$x^2 + p \cdot x + \left(\frac{p}{2}\right)^2 - \left(\frac{p}{2}\right)^2 + q = 0$$

Als binomische Formel rückwärts können wir schreiben:

$$\left(x + \frac{p}{2}\right)^2 - \left(\frac{p}{2}\right)^2 + q = 0 \qquad | + \left(\frac{p}{2}\right)^2 - q$$

$$\left(x + \frac{p}{2}\right)^2 = \left(\frac{p}{2}\right)^2 - q \qquad | \text{ Wurzel ziehen}$$

$$x + \frac{p}{2} = \pm\sqrt{\left(\frac{p}{2}\right)^2 - q} \qquad | -\frac{p}{2}$$

$$x = -\frac{p}{2} \pm \sqrt{\left(\frac{p}{2}\right)^2 - q} \qquad \textbf{p-q-Formel}$$

Den Teil: $\left(\frac{p}{2}\right)^2 - q$ unter der Wurzel nennt man **Diskriminante**. Anhand dieses Terms können wir prüfen, wie viele Lösungen eine quadratische Gleichung hat:

Ist	$\left(\frac{p}{2}\right)^2 - q > 0$	**hat die Gleichung zwei Lösungen.**
Ist	$\left(\frac{p}{2}\right)^2 - q = 0$	**hat die Gleichung eine Lösung.**
Ist	$\left(\frac{p}{2}\right)^2 - q < 0$	**hat die Gleichung KEINE Lösungen.**

13.3 Quadratische Gleichungen durch Ausklammern lösen

Aufgaben
Löse die quadratischen Gleichungen durch Ausklammern.

a) $x^2 - 6x = 0$ b) $-x^2 + 30x = 0$

c) $x^2 + 10x = 0$ d) $\frac{1}{64}x^2 - \frac{3}{128}x = 0$

e) $8x^2 - x = 0$ f) $9x^2 - 7x = 2x$

g) $\frac{1}{4}x^2 - 2x = 0$ h) $5x^2 - 4x = x^2$

i) $0{,}7x^2 = 7x$ j) $\frac{1}{3}x^2 - 3x = \frac{2}{3}x^2 + 3x$

13.4 Quadratische Gleichungen durch Faktorisieren lösen

Aufgaben
Löse die quadratischen Gleichungen durch Faktorisieren.

a) $x^2 - 7x + 12 = 0$ b) $2x^2 + 22x = -60$

c) $x^2 - 21x - 100 = 0$ d) $x^2 + 24 = 11x$

e) $15 + 8x + x^2 = 0$ f) $x^2 = 21 - 4x$

g) $42 - 13x + x^2 = 0$ h) $2x^2 + 14x - 36 = 0$

i) $x^2 - 3x = 4$ j) $x^2 + x - 56 = 0$

13.5 Quadratische Gleichungen mit quadratischer Ergänzung lösen

Aufgaben
Löse die quadratischen Gleichungen durch quadratische Ergänzung!

a) $x^2 - 2x - 7 = 0$ b) $x^2 + 10x = 6$

c) $x^2 + 4x - 5 = 0$ d) $x^2 - 8 = 4x$

e) $8x + x^2 - 4 = 0$

f) $x^2 = 10 - 2x$

g) $-2 + 6x + x^2 = 0$

h) $x^2 + 14x = 30$

i) $x^2 - \frac{2}{3}x = 1$

j) $x^2 + 12x - 16 = 0$

k) $12x^2 - 24x - 36 = 0$

l) $7x^2 - 42x + 14 = 0$

m) $-24 + 12x + 6x^2 = 0$

n) $8x^2 + 64x - 16 = 0$

o) $\frac{1}{2}x^2 - x = 3$

p) $3x^2 - 6x = 9$

13.6 Quadratische Gleichungen mit der p-q-Formel lösen

Aufgaben

Löse mit der p-q-Formel möglichst OHNE Taschenrechner.
Bestimme zunächst die Diskriminante und damit die Anzahl der Lösungen!
Bedenke: für die p-q-Formel muss die quadratische Gleichung in Normalform vorliegen.

a) $x^2 + 12x - 8 = 0$

b) $x^2 + 100 - 16x = 0$

c) $x^2 + 8x + 7 = 0$

d) $x^2 = 4x + 10$

e) $x^2 - 10x + 25 = 0$

f) $x^2 = 10 - 2x$

g) $20 + 9x + x^2 = 0$

h) $x^2 + 20x = -75$

i) $x^2 - 4x + 8 = 4$

j) $x^2 + 16x + 28 = 0$

l) $25x^2 - 25x - 50 = 0$

l) $7x^2 - 42x + 63 = 0$

m) $36 + 12x + x^2 = 0$

n) $4x^2 + 32x - 16 = 0$

o) $\frac{1}{2}x^2 - x = 3$

p) $4x^2 - 36 = 0$

13.7 Gemischte Aufgaben

Aufgaben
Löse die Quadratischen Gleichungen mit einem Verfahren deiner Wahl.

a) $(x-2)\cdot(x-3)=0$

b) $10x^2+100-70x=0$

c) $x^2-2x-15=0$

d) $x^2-4x=20$

e) $x^2-16x+64=0$

f) $x^2=200-20x$

g) $9x+x^2=x$

h) $x^2+20x-75=75$

i) $x^2-10x+20=-4$

j) $x^2+2x-8=0$

k) $x^2-24x-50=0$

l) $x^2+5x+5=0$

m) $4x+x^2=36$

n) $x^2+6x-16=0$

o) $\frac{1}{2}x^2-\frac{1}{4}x=0$

p) $100x^2-25=0$

13.8 Quadratische Gleichungen mit Termumformung

Aufgaben
Forme die Gleichungen um, bis eine quadratische Form erscheint und löse sie dann.

a) $(4x-1)^2=(x-3)(x+3)$

b) $10x^2+100-70x=30x-150$

c) $3x^2-(x-2)^2=10x+5$

d) $x^2-4x=20+4x$

e) $(x-8)^2-(x-4)\cdot(x+3)=x^2-1$

f) $x\cdot(x-10)+(x-10)^2-100=x^2-2x+1$

g) $x^2-(x+3)\cdot(x-3)+10=-4x+20$

h) $400-x^2+10x=(x-5)\cdot(x+4)$

13.9 Quadratische Gleichungen: Schnittpunkte von Funktionsgraphen

Schneiden sich zwei Funktionsgraphen, so kann man die beiden Funktionsgleichungen gleichsetzen, um die Schnittpunkte zu erhalten. Ist eine oder sind beide Funktionen quadratische Funktionen, entsteht als Gleichung eine quadratische Gleichung, die gelöst werden muss.

Beispiel:

$f(x) = (x+2)^2 - 2$

$g(x) = 2 + x$

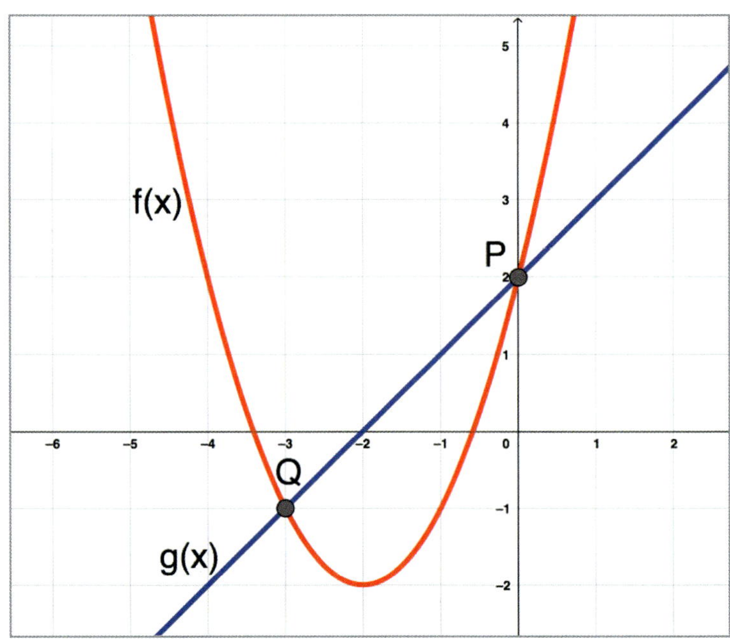

Wir bestimmen die Schnittpunkte der beiden Funktionsgraphen!

Wir setzen beide Funktionen gleich:	$(x+2)^2 - 2 = x + 2$
Multiplizieren zunächst aus:	$x^2 + 4x + 4 - 2 = x + 2$
Bingen alle Terme auf eine Seite und fassen zusammen:	$x^2 + 3x = 0$
Hier lösen wir durch Ausklammern:	$x \cdot (x+3) = 0$
Die Lösungen sind:	$x_1 = 0,\ x_2 = -3$

Um die Schnitt**punkte** zu erhalten, müssen wir die x-Werte noch in eine der beiden Funktionsgleichungen einsetzen! Wir nehmen die einfachere Form, die Geradengleichung:

$$y_1 = 2 + x_1 = 2 + 0 = 2,\ \ y_2 = 2 + x_2 = 2 - 3 = -1$$

Die Schnittpunkte lauten: $P\ (0 \mid 2)$ und $Q\ (-3 \mid -1)$

Aufgaben

Bestimme die Schnittpunkte der beiden Graphen rechnerisch!

a)

$$f(x) = -0{,}5 \cdot (x-3)^2 + 4, \qquad g(x) = \frac{5}{6}x - 3$$

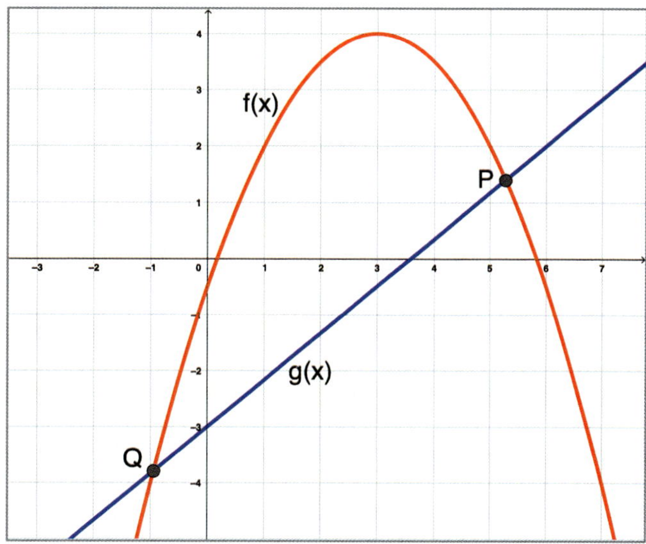

b)

$$f(x) = -(x-1)^2 + 4, \qquad g(x) = 0{,}5x^2 + 2x - 3$$

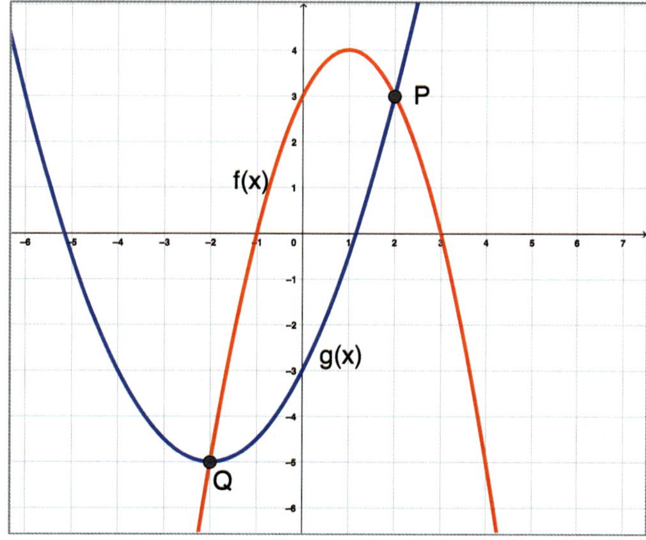

c)

$$f(x) = -\frac{1}{4}x^2 + \frac{1}{2}x + \frac{15}{4}, \qquad g(x) = -x^2 - x + 6$$

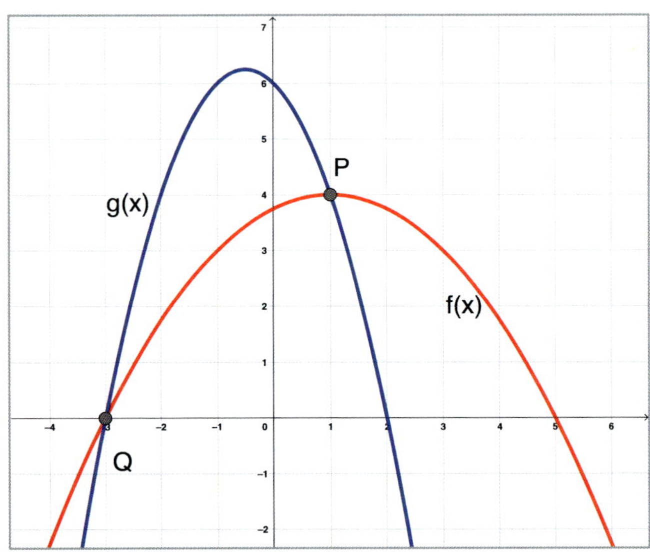

d)

$$f(x) = -x, \qquad g(x) = -\frac{1}{2}x^2 - 2x + 4$$

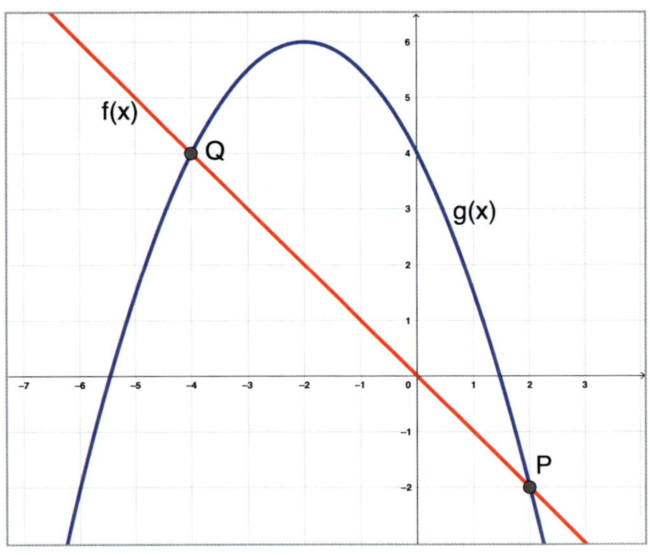

14 Trigonometrie

14.1 Sinus und Kosinus im Einheitskreis

Als Einheitskreis bezeichnet man einen Kreis mit dem Radius 1.

Zu jedem rechtwinkligen Dreieck im Einheitskreis mit einem Punkt $P_\alpha\ (x\,|y)$ auf dem Kreis gibt es den Winkel α.

Die Seite gegenüber dem Winkel nennt man **Gegenkathete**. Die Kathete, die an dem Winkel anliegt, nennt man **Ankathete**.

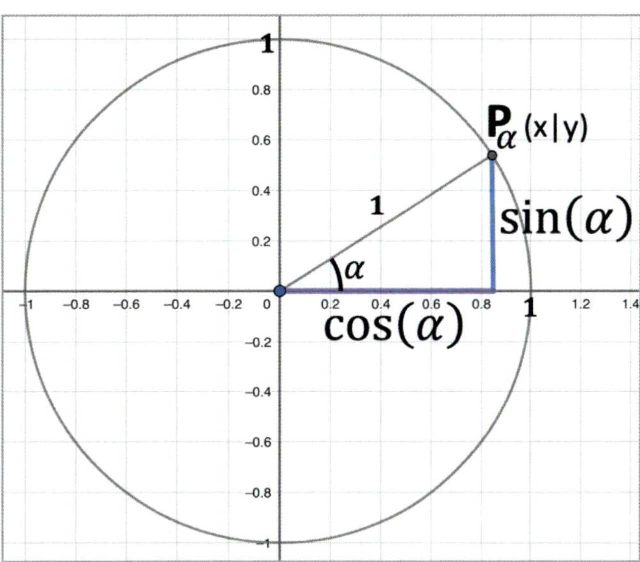

Es gilt im Einheitskreis:	$\sin(\alpha)$ = Gegenkathete $\cos(\alpha)$ = Ankathete

Alternativ kann man sagen:

- die x-Koordinate des Punktes P_α ist $\cos(\alpha)$.
- die y-Koordinate des Punktes P_α ist $\sin(\alpha)$.

Beachte: Für Winkel im Gradmaß muss beim Taschenrechner im **Setup unter Winkelmaße „Gradmaß“** eingestellt sein!

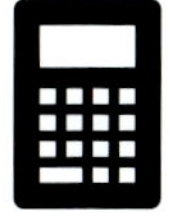

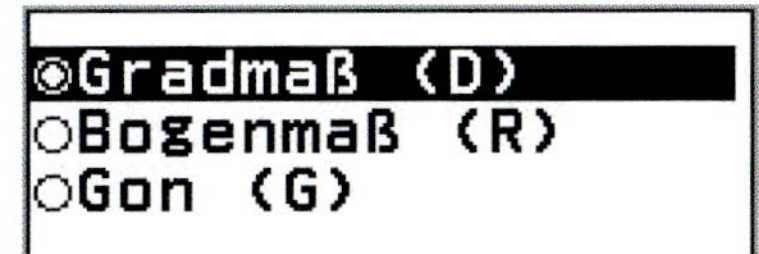

Setup Winkelmaß bei einem **CASIO** Taschenrechner: **Gradmaß (D)**

Setup bei einem Taschenrechner von **TI – Texas Instruments: DEGREE, DEG**

Aufgabe 1

Bestimme die Sinus- und Kosinuswerte zu folgenden Winkeln mit dem Taschenrechner. Erstelle dazu die folgende Tabelle. Runde auf zwei Stellen hinter dem Komma.

Winkel α	$\sin(\alpha)$	$\cos(\alpha)$
10°		
20°		
30°		
40°		
50°		
60°		
70°		
80°		

Winkel α	$\sin(\alpha)$	$\cos(\alpha)$
100°		
120°		
130°		
140°		
150°		
160°		
170°		
180°		

Aufgabe 2

Es gibt spezielle Sinus- und Kosinuswerte, die vom Taschenrechner je nach Einstellung auch in einer mathematischen Schreibweise mit Wurzeln angegeben werden. Bestimme die Werte mit dem Taschenrechner und gib die Werte an.

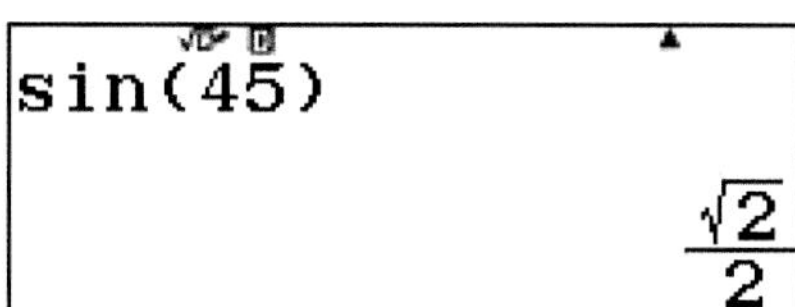

spezielle Sinuswerte beim Taschenrechner

Winkel α	$\sin(\alpha)$	$\cos(\alpha)$
$30°$		
$45°$		
$60°$		
$90°$		
$120°$		
$135°$		
$150°$		
$180°$		

Winkel α	$\sin(\alpha)$	$\cos(\alpha)$
$210°$		
$225°$		
$240°$		
$270°$		
$300°$		
$315°$		
$330°$		
$360°$		

Aufgabe 3

Vergleiche die speziellen Sinus- und Kosinuswerte und finde den Zusammenhang:

$-\boldsymbol{sin}(\boldsymbol{\alpha}) = \boldsymbol{cos}(\_\_\_\_\_\_\_\_)$	$\boldsymbol{cos}(\boldsymbol{\alpha}) = \boldsymbol{sin}(\_\_\_\_\_\_\_\_)$

Die Sinuswerte und Kosinuswerte wiederholen sich periodisch, wenn man den Winkel über 360° hinaus erweitert und den Zeiger im Einheitskreis immer weiterdreht. Daher gilt folgender Zusammenhang

$\boldsymbol{sin}(\boldsymbol{\alpha}) = \boldsymbol{sin}(\boldsymbol{\alpha}\ \_\_\_\_\_\_\_\_)$	$\boldsymbol{cos}(\boldsymbol{\alpha}) = \boldsymbol{cos}(\boldsymbol{\alpha}\ \_\_\_\_\_\_\_\_)$

Aufgabe 4

Im Einheitskreis wird anschaulich klar, dass zu jedem Sinuswert und zu jedem Kosinuswert jeweils zwei Winkel existieren. Dazu haben wir in der vorherigen Aufgabe gerade die Zusammenhänge dargestellt. Ergänze nun die Winkel mit den gleichen Werten. Eine Probe mit dem Taschenrechner kann helfen.

$sin(20°)$	$=$	$sin(\_\_\_)$
$sin(25°)$	$=$	$sin(\_\_\_)$
$sin(38°)$	$=$	$sin(\_\_\_)$
$sin(80°)$	$=$	$sin(\_\_\_)$
$sin(110°)$	$=$	$sin(\_\_\_)$
$sin(130°)$	$=$	$sin(\_\_\_)$
$sin(160°)$	$=$	$sin(\_\_\_)$
$sin(175°)$	$=$	$sin(\_\_\_)$
$sin(260°)$	$=$	$sin(\_\_\_)$
$sin(308°)$	$=$	$sin(\_\_\_)$

$cos(10°)$	$=$	$cos(\_\_\_)$
$cos(35°)$	$=$	$cos(\_\_\_)$
$cos(47°)$	$=$	$cos(\_\_\_)$
$cos(70°)$	$=$	$cos(\_\_\_)$
$cos(130°)$	$=$	$cos(\_\_\_)$
$cos(155°)$	$=$	$cos(\_\_\_)$
$cos(195°)$	$=$	$cos(\_\_\_)$
$cos(255°)$	$=$	$cos(\_\_\_)$
$cos(305°)$	$=$	$cos(\_\_\_)$
$cos(347°)$	$=$	$cos(\_\_\_)$

Aufgabe 5 - Die Gleichung $\sin(\alpha) = a, \cos(\alpha) = a$

Möchte man zu einem Sinus- oder Kosinuswert den dazugehörigen Winkel bestimmen, muss man im Taschenrechner die Funktion $\sin^{-1}()$ bzw. $\cos^{-1}()$ eingeben. Achte auf die Winkeleinstellung „Gradmaß“ oder „DEG“ oder „Degree“!

Berechne zu den folgenden Werten den Winkel! Runde den Winkel auf eine Dezimale.

$\sin(\alpha)$	Winkel α_1	Winkel α_2
0,5		
0,6428		
0,9659		
0,2588		
0,4226		
0,7071		
0,8660		
0,0872		
0,7986		
0,9877		
−0,5		
−0,6428		
−0,9659		
−0,2588		
−0,4226		
−0,7071		
−0,8660		
−0,0872		
−0,7986		
−0,9877		

$\cos(\alpha)$	Winkel α_1	Winkel α_2
0,5		
0,6428		
0,9659		
0,2588		
0,4226		
0,7071		
0,8660		
0,0872		
0,7986		
0,9877		
−0,5		
−0,6428		
−0,9659		
−0,2588		
−0,4226		
−0,7071		
−0,8660		
−0,0872		
−0,7986		
−0,9877		

14.2 Berechnungen in allgemeinen rechtwinkligen Dreiecken

Im Einheitskreis gilt: $\boldsymbol{sin(\alpha)} =$ **Gegenkathete**, $\boldsymbol{cos(\alpha)} =$ **Ankathete**. Dies ist allerdings der Sonderfall, wenn die Hypotenuse des betrachteten Dreiecks der Radius im Einheitskreis mit der Länge 1 ist.

Für beliebige rechtwinklige Dreiecke mit einer Hypotenuse mit einer beliebigen Länge gilt immer:

Sinus im rechtwinkligen Dreieck	Kosinus im rechtwinkligen Dreieck
$\boldsymbol{sin(\alpha) = \frac{Gegenkathete}{Hypotenuse}}$	$\boldsymbol{cos(\alpha) = \frac{Ankathete}{Hypotenuse}}$

Aufgabe 1

Zeichne die rechtwinkligen Dreiecke (evtl. in kleinerem Maßstab), um die Lage der Seiten und Winkel zu verstehen. Berechne alle fehlenden Seiten und Winkel!

a) $a = 3{,}8\ cm, c = 5{,}8\ cm, \gamma = 90°$

b) $a = 20\ cm, b = 21\ cm, c = 29\ cm$

c) $a = 7cm, \alpha = 90°cm, c = 6\ cm$

d) $a = 8\ cm, c = 17\ cm, \gamma = 90°$

e) $a = 15\ cm, \alpha = 90°cm, c = 9\ cm$

f) $a = 15\ cm, \gamma = 90°cm, c = 25\ cm$

Aufgabe 2

Bestimme alle fehlenden Seiten und Winkel.

a)

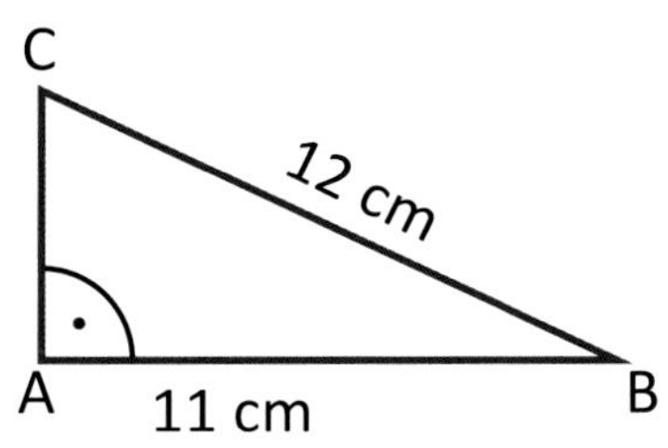

b)

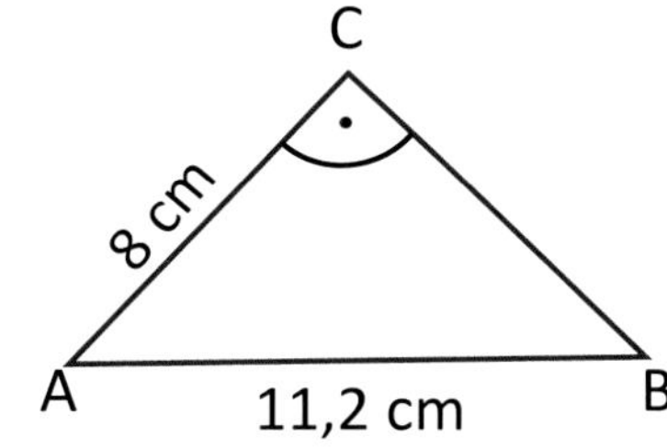

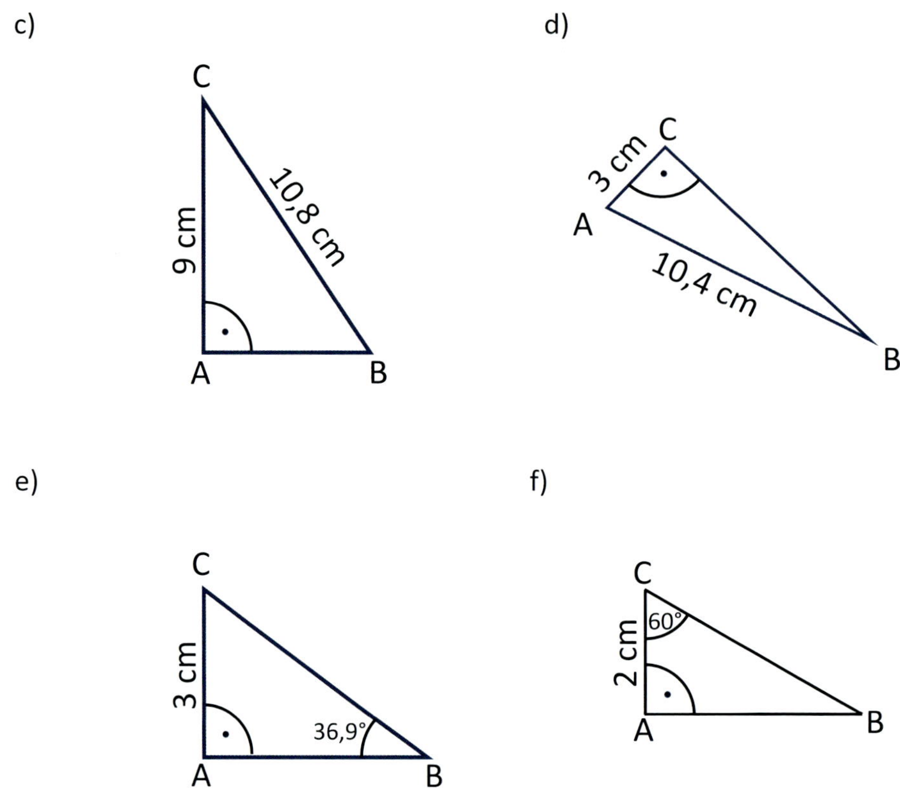

Aufgabe 3

Ein Quader hat die Kantenlängen $a = 10\ cm,\ b = 4\ cm,\ c = \ 6\ cm$. Bestimme die Längen der Raumdiagonalen d_1 und der Flächendiagonalen d_2 sowie die fehlenden Winkel in dem Dreieck mit den Seiten d_1, d_2, c_1.

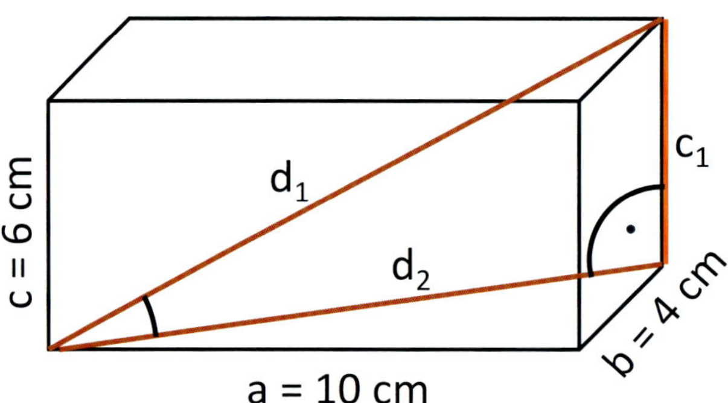

14.3 Sinussatz, Kosinussatz und trigonometrischer Pythagoras

Den Sinussatz und Kosinussatz wollen wir an dieser Stelle nicht herleiten, sondern nur nennen und in Rechnungen anwenden. Sinussatz und Kosinussatz gelten in beliebigen Dreiecken! Beachte, dass die Seiten: a, b, c immer gegenüber den Winkeln: α, β, γ liegen.

Sinussatz	Kosinussatz
$\frac{a}{sin(\alpha)} = \frac{b}{sin(\beta)} = \frac{c}{sin(\gamma)}$	$a^2 = b^2 + c^2 - 2 \cdot b \cdot c \cdot cos(\alpha)$ $b^2 = a^2 + c^2 - 2 \cdot a \cdot c \cdot cos(\beta)$ $c^2 = a^2 + b^2 - 2 \cdot a \cdot b \cdot cos(\gamma)$

Trigonometrischer Pythagoras und damit verbundene Formeln

$$\sin^2(\alpha) + \cos^2(\alpha) = 1$$

$$sin(\alpha) = \sqrt{1 - cos^2(\alpha)}$$

$$\cos(\alpha) = \sqrt{1 - sin^2(\alpha)}$$

Folgt aus dem Einheitskreisbild!

Viele weitere Formeln und Theoreme zu Sinus und Kosinus findest du in einer Formelsammlung oder bei Wikipedia im Internet über den folgenden Link: https://de.wikipedia.org/wiki/Formelsammlung_Trigonometrie .

Aufgabe 1

Prüfe, ob die folgenden Punkte auf dem Einheitskreis liegen! Falls nicht, liegen die Punkte in dem Einheitskreis oder außerhalb?

Punkt	Lage	Punkt	Lage
$A\ (0{,}5 \mid 0{,}8660)$		$B\ (0 \mid 1)$	
$C\ (0 \mid 1)$		$D\ (0{,}8 \mid 0{,}8)$	
$E\ (0{,}4226 \mid 0{,}9063)$		$F\ (0{,}7051 \mid 0{,}8026)$	
$G\ (0{,}7071 \mid 0{,}7071)$		$H\ (0{,}8126 \mid 0{,}7960)$	

Aufgabe 2
Wende den Sinussatz an und bestimme die fehlenden Seiten und Winkel!

a) $\alpha = 66°, \beta = ?, \gamma = 80{,}1°$

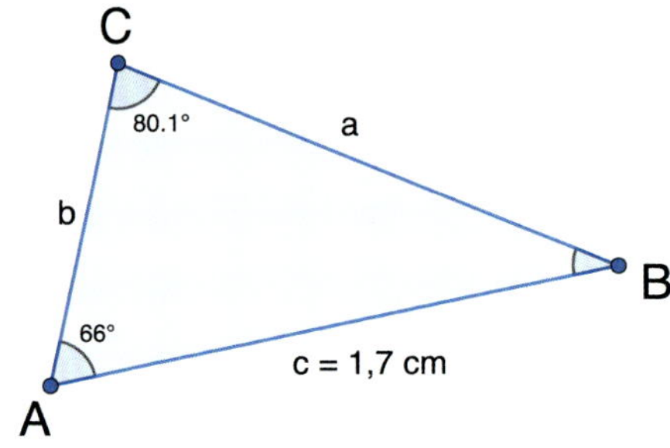

b) $\alpha = 42°, \beta = ?, \gamma = 75°$

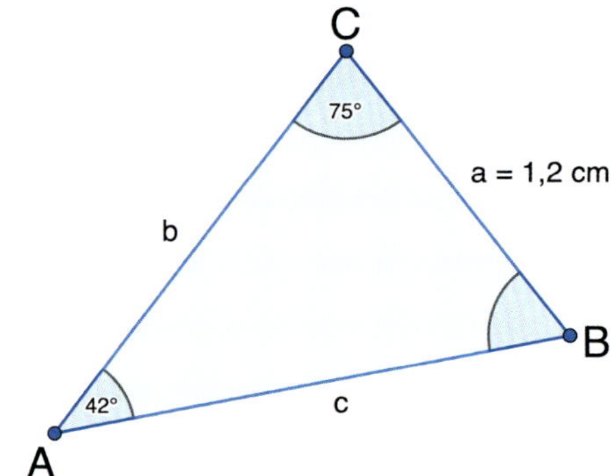

c) $\alpha = ?, \ \beta = 113{,}5°, \gamma = 43{,}5°$

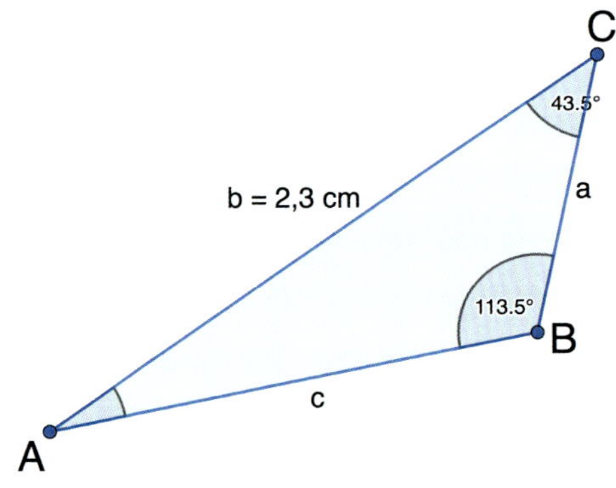

d) $\alpha = 27°, \ \beta = 114°, \gamma = 39°$

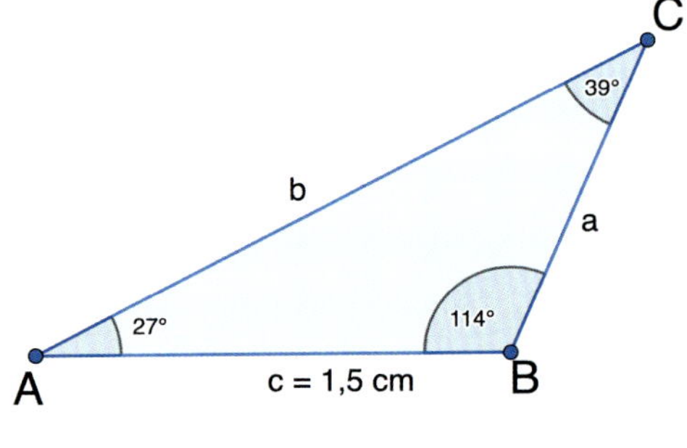

e) $\alpha = 66°, \ \beta = 66°, \gamma = 48°$

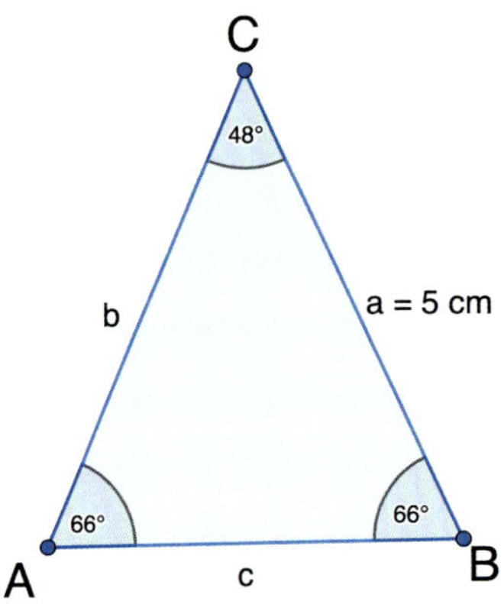

f) $\alpha = 35{,}4°, \ \beta = 44{,}1°, \gamma = 100{,}5°$

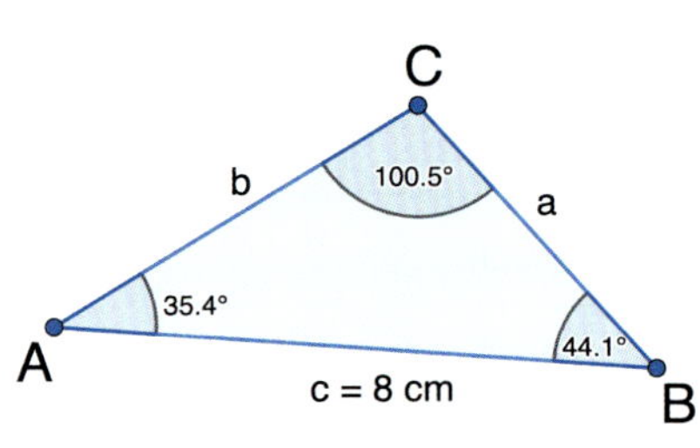

Aufgabe 3

Wende den Kosinussatz an. Berechne die Winkel in den Dreiecken mit den Seitenlängen a, b, c.

a) $a = 8\ cm, b = 6\ cm, c = 4\ cm$

b) $a = 4\ cm, b = 10\ cm, c = 9\ cm$

c) $a = 10\ cm, b = 10\ cm, c = 10\ cm$

d) $a = 6\ cm, b = 8\ cm, c = 6\ cm$

Aufgabe c) ist ein gleichseitiges Dreieck, aber die Rechnung mit dem Kosinussatz sollte zu dem gleichen Ergebnis führen.

Aufgabe 4

Berechne die fehlende Seitenlänge in den Dreiecken.

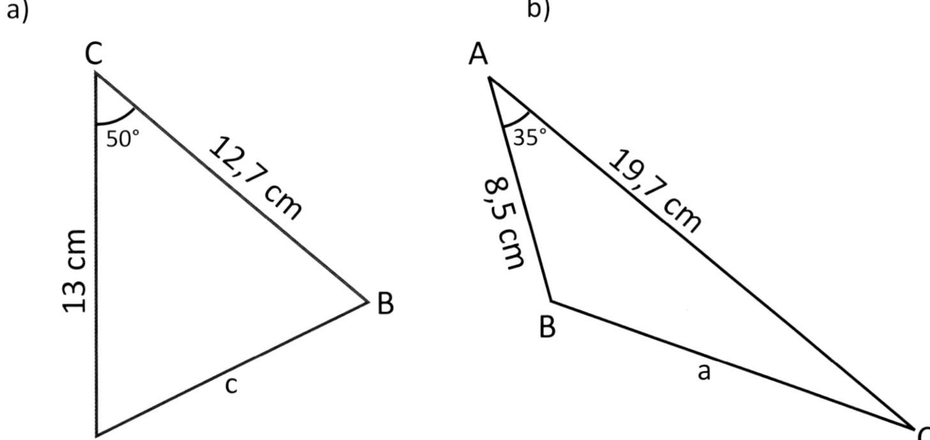

c) Berechne die fehlende Seitenlänge mit Hilfe des Satzes von Pythagoras und anschließend alle fehlenden Winkel.

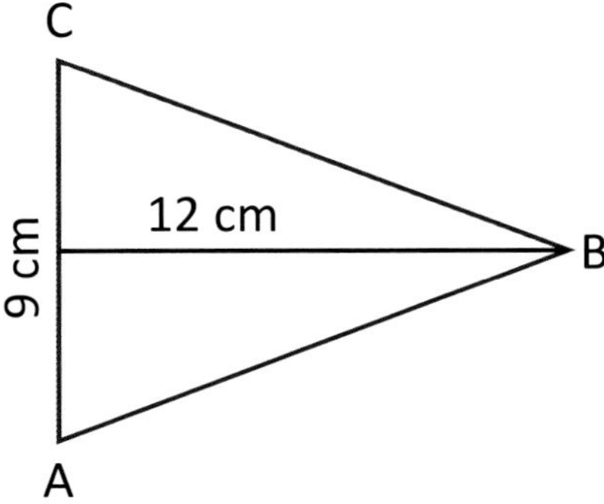

14.4 Tangens

In dem rechtwinkligen Dreieck, in dem wir als Gegenkathete den Tangens erkennen, hat die Ankathete stets den Wert 1. Das Dreieck ist jedoch ein ähnliches Dreieck zum Dreieck mit den Sinus- und Kosinuswerten, daher gilt:

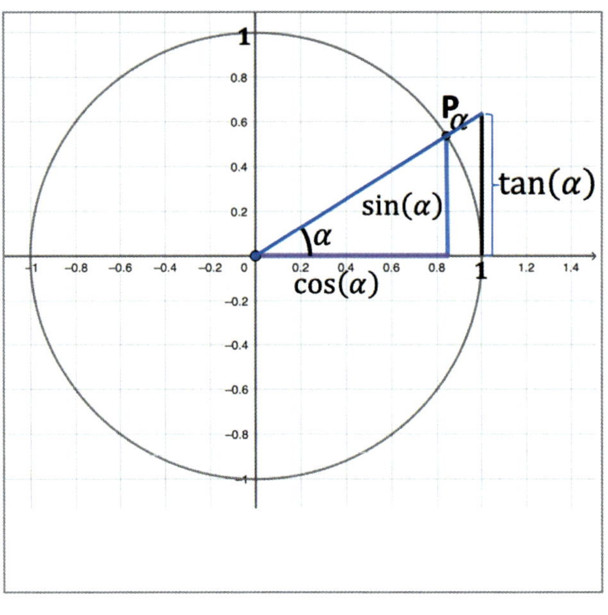

$$\frac{tan(\alpha)}{1} = \frac{\sin(\alpha)}{\cos(\alpha)}$$

oder einfacher:

$$\tan(\alpha) = \frac{\sin(\alpha)}{\cos(\alpha)}$$

Die Definition des Tangens als Quotient aus Sinus und Kosinus zeigt uns, dass der Tangens Definitionslücken an den Stellen hat, an denen der Kosinus null ist.

Tangens über Sinus / Kosinus	**Tangens im rechtwinkligen Dreieck**
$\mathbf{\tan(\alpha) = \frac{\sin(\alpha)}{\cos(\alpha)}}$	$\mathbf{\tan(\alpha) = \frac{Gegenkathete}{Ankathete}}$

Aufgabe 1

Bestimme die Tangenswerte zu den Winkeln in der Tabelle!

Winkel α	$\tan(\alpha)$
30°	
45°	
60°	
90°	
120°	

Winkel α	$\tan(\alpha)$
210°	
225°	
240°	
270°	
300°	

Aufgabe 2

Bestimme die Tangenswerte zu den Winkeln im Bogenmaß in der Tabelle!

Winkel α	$\tan(\alpha)$
$\frac{\pi}{6}$	
$\frac{\pi}{5}$	
$\frac{\pi}{4}$	
$\frac{\pi}{3}$	
1	
$\frac{\pi}{2}$	

Winkel α	$\tan(\alpha)$
2	
$\frac{3\pi}{4}$	
π	
$\frac{5\pi}{4}$	
$\frac{3\pi}{2}$	
2π	

Aufgabe 3

Die Aufgabe $\tan(\alpha) = x$

Bestimme die Winkel im Gradmaß, für die der Tangens bekannt ist, für $\alpha \in [-90°; 90°]$.

$\tan(\alpha)$	α [°]
0	
$\frac{\sqrt{3}}{3}$	
1	
$\sqrt{3}$	
2	

$\tan(\alpha)$	α [°]
$2+\sqrt{3}$	
$-\sqrt{3}$	
-1	
$-\frac{\sqrt{3}}{3}$	
-2	

Aufgabe 4

Die Aufgabe $\tan(\alpha) = x$. Bestimme die Winkel im Bogenmaß [RAD], für die der Tangens bekannt ist, **für $\boldsymbol{\alpha} \in [\mathbf{0}; \boldsymbol{\pi}]$.**

$\tan(\alpha)$	$\alpha\ [RAD]$
0	
1	
$\sqrt{3}$	
$1{,}8$	
2	

$\tan(\alpha)$	$\alpha\ [RAD]$
-1	
$-\frac{\sqrt{3}}{3}$	
$-\sqrt{3}$	
-2	
$-3{,}078$	

Aufgabe 5

Die Steigung einer Geraden haben wir bereits in Kapitel 4 „Lineare Funktionen" behandelt.

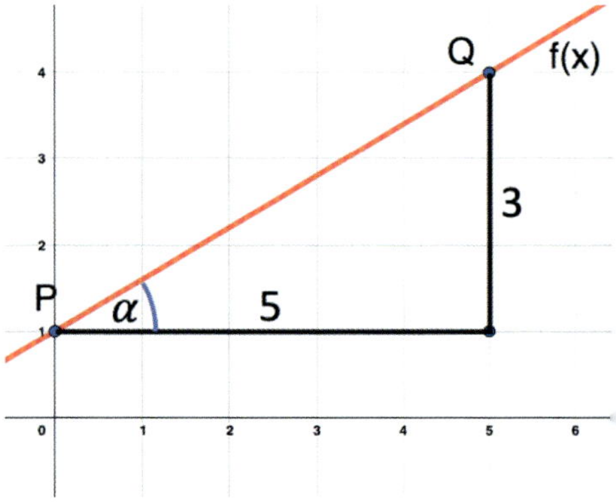

a) Bestimme den Winkel α als Steigungswinkel der Geraden $f(x)$ aus dem eingezeichneten Steigungsdreieck. Runde den Winkel auf eine Stelle hinter dem Komma.

b) Wie lautet die Beziehung für die Steigung einer Geraden, beschrieben mit dem Tangens des Winkels?

$$tan(\alpha) = \_\_\_\_\_\_\_\_\_\_\_\_$$

Aufgabe 6

Bestimme den Steigungswinkel der Geraden mit den Funktionsgleichungen:

a) $f(x) = \frac{3}{2}x + 2$ b) $f(x) = -2x + 1$ c) $f(x) = 3x - 1$

d) $f(x) = 0{,}5x - 1$ e) $f(x) = 4$ f) $f(x) = 6x$

Aufgabe 7

a) Wie hoch steht die Sonne am Horizont, wenn ein 25 m hoher Turm einen Schatten von 37 m wirft? Bestimme den Winkel α.

b) Welches Datum im Jahr haben wir etwa, wenn dieser Turm in Frankfurt, Oslo oder Athen steht und es 12:00 Uhr mittags ist? Hierzu ist eine Internetrecherche notwendig!

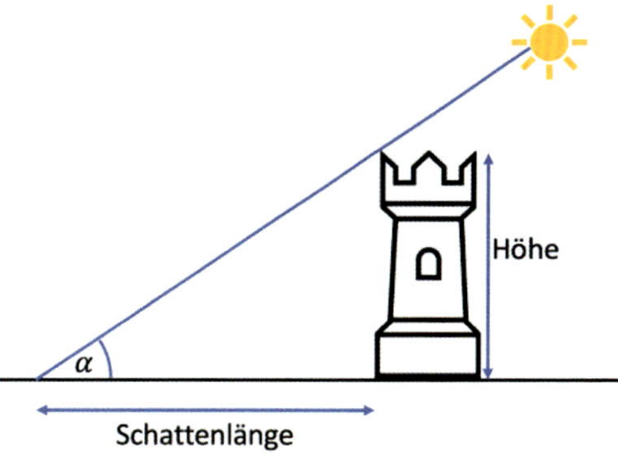

(Bild: PowerPoint)

Aufgabe 8

Auf einem Hügel steht eine 15 m hohe Burgruine. Den Fuß der Ruine peilt man unter einem Winkel von $\alpha = 40°$, die Spitze der Ruine unter dem Winkel $\beta = 58°$ an.

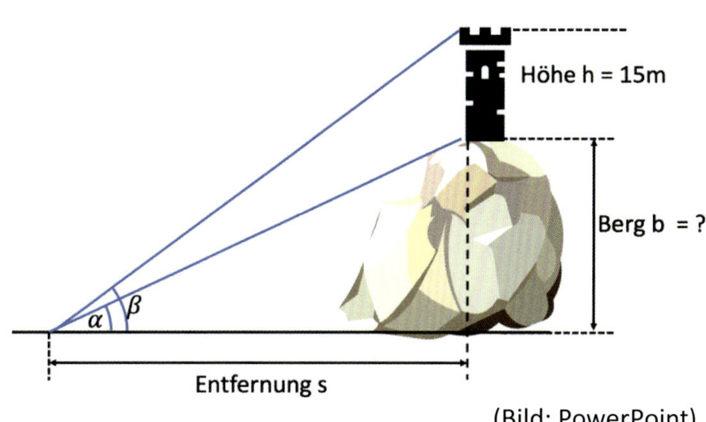

(Bild: PowerPoint)

Stelle Rechenausdrücke auf und leite eine Formel für die Höhe **b** des Berges her und berechne die Höhe des Berges.

15 Der Kreis

15.1 Die Kreiszahl π

Die Zahl Pi ist definiert als das Verhältnis des Umfangs eines Kreises zu seinem Durchmesser. Dies resultiert aus der Formel für den Umfang:

Umfang des Kreises	Flächeninhalt des Kreises
$U = 2\pi \cdot r = \pi \cdot d$	$A = \pi \cdot r^2$

$r =$ Radius, $d = 2 \cdot r =$ Durchmesser

Jeder Interessierte sollte wenigstens eine Methode kennen, die Zahl π herzuleiten. Wir wollen hier die Annäherung an den Kreis durch ein regelmäßiges n-Eck betrachten, welches in den Kreis gelegt wird. In den folgenden Bildern sind ein 8-Eck und ein 12-Eck in einen Kreis gezeichnet.

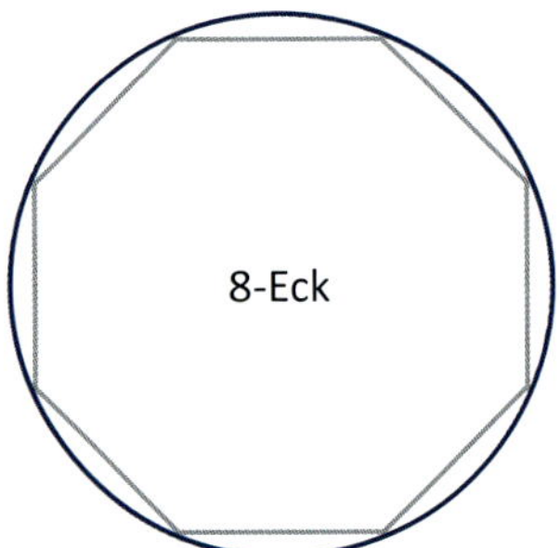

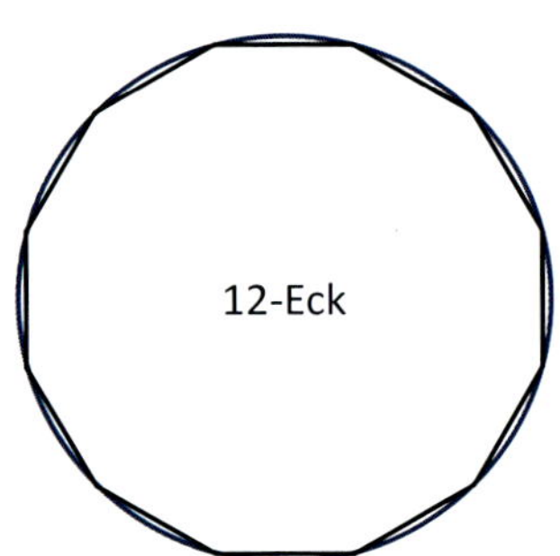

Näherung für das 8-Eck:
Das 8-Eck besteht aus 8 gleichschenkligen Dreiecken. Der Winkel in der Spitze eines Dreiecks beträgt:

$$\alpha = \frac{360°}{8} = 45°.$$

Der Umfang des Achtecks beträgt:

$$U = 8 \cdot a$$

Die Zahl π ergibt sich über den Umfang

zu $\pi = \frac{U}{2r} = \frac{8a}{2 \cdot r} = 4a$, mit $r = 1$.

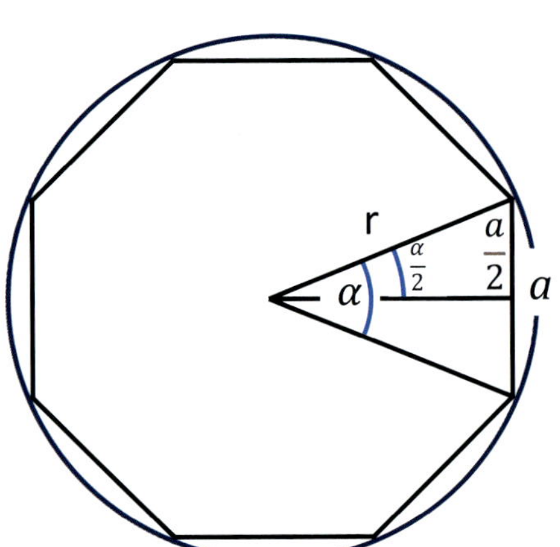

Mit den Formeln aus der Trigonometrie folgt:

$$sin\left(\frac{\alpha}{2}\right) = \frac{a}{2}$$

Da $r = 1$.

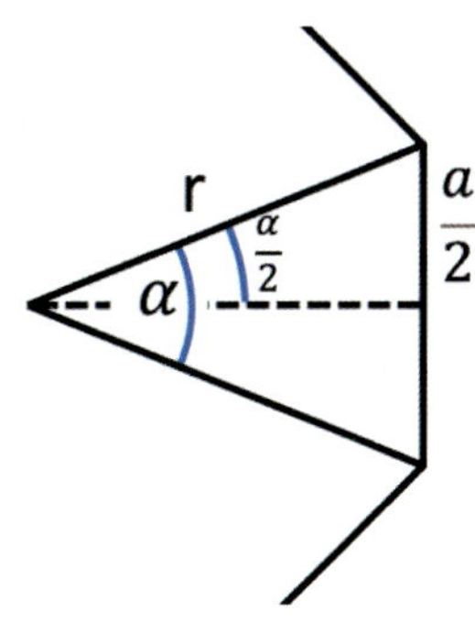

$$U = 8a = 16 \cdot \frac{a}{2} =$$

$$16 \cdot \sin\left(\frac{45°}{2}\right) = 6{,}12$$

$$\pi = \frac{U}{2} = 3{,}06$$

1. Näherung für π mit dem 8-Eck:

$$\pi = 3{,}06$$

Aufgabe 1

a) Berechne eine 2. Näherung für π in einem 12-Eck und in einem 24 Eck.
b) Stelle eine Formel auf für ein beliebiges n-Eck.
c) Setzte in die Formel aus Aufgabe b) $n = 1000$ und $n = 10000$ ein und vergleiche das Ergebnis mit dem Wert für π aus deinem Taschenrechner ($\pi = 3{,}14159 \ldots$).
d) Ab welcher Zahl n für ein n-Eck wird die Zahl π auf 5 Stellen genau genähert?

Aufgabe 2

Das Rad eines Fahrrads hat einen Durchmesser von 29'' (Zoll, 1 Zoll = 2,54 cm).

a) Welche Strecke legt das Fahrrad zurück, wenn es 1, 200, 5000 Umdrehungen macht?
b) Wie viele Umdrehungen hat das Rad nach einer Tour über 28 km gemacht?
c) Eine zweite Person begleitet die Radtour über 28 km, diese hat jedoch ein Rad mit einem Raddurchmesser von 26''. Wie viele Umdrehungen hat dieses Rad gemacht?

15.2 Kreisbogen und Kreisausschnitt

Wenden wir die Formeln für den Umfang und Flächeninhalt eines gesamten Kreises auf einen Teilausschnitt an, finden wir für die Länge eines Kreisbogens mit dem Öffnungswinkel α:

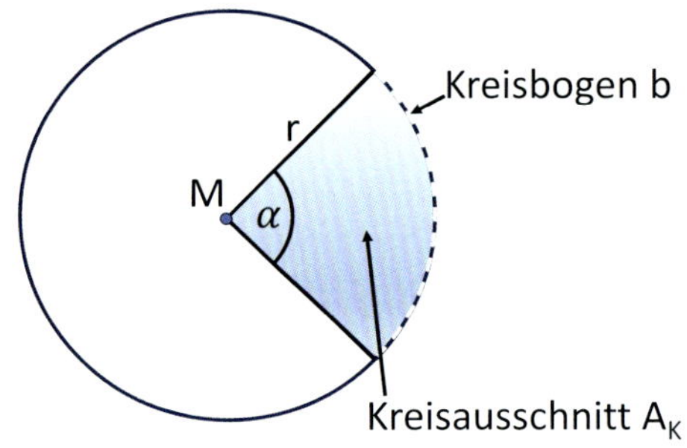

$$\frac{\alpha}{360°} = \frac{b}{2 \cdot \pi \cdot r}$$

$$b = \frac{\alpha}{360°} \cdot 2 \cdot \pi \cdot r$$

Analog gehen wir für den Flächeninhalt des Kreisausschnitts vor:

$$A_K = \frac{\alpha}{360°} \cdot \pi \cdot r^2$$

Aufgabe 1

a) Berechne die Bogenlänge und den Flächeninhalt des Kreisausschnitts für einen Radius von 2 m für:
   - $\frac{1}{4}$ Kreis, $\frac{1}{6}$ Kreis, $\frac{2}{3}$ Kreis, $\frac{7}{8}$ Kreis

b) Berechne die Bogenlänge für einen Kreis mit dem Radius 10 m und dem Öffnungswinkel 45°.

Aufgabe 2 – Die Seemeile

Die Erde wird zur Orientierung in Längen- und Breitengrade eingeteilt. Die nächstkleineren Einheiten sind Bogenminuten und Bogensekunden.
1° = 60 Bogenminuten, 1 Bogenminute = 60 Bogensekunden. 1 Seemeile ist definiert als die Länge einer Bogenminute. Berechne die Länge einer Seemeile, wenn für den Radius der Erde 6370 km angenommen werden.

Bild: https://creazilla.com/de/nodes/25862-america-s-globe-clipart

Aufgabe 3

Der Mantel eines Kegels besteht aus einem Kreisausschnitt. Hierbei entspricht die Bogenlänge des Ausschnitts dem Umfang der kreisförmigen Grundfläche des Kegels. Der Radius des Kreisausschnitts ist die Länge der Mantellinie s.

Bestimme die Bogenlänge und den Flächeninhalt des Kegelmantels für einen Kegel mit der Höhe $h = 40\ cm$ und einem Radius der Grundfläche von $15\ cm$.

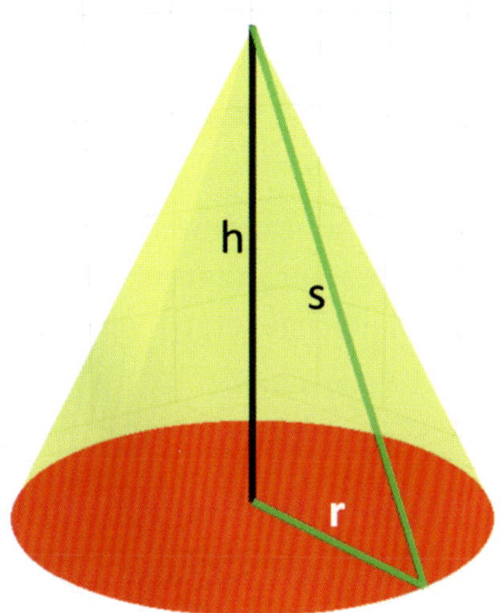

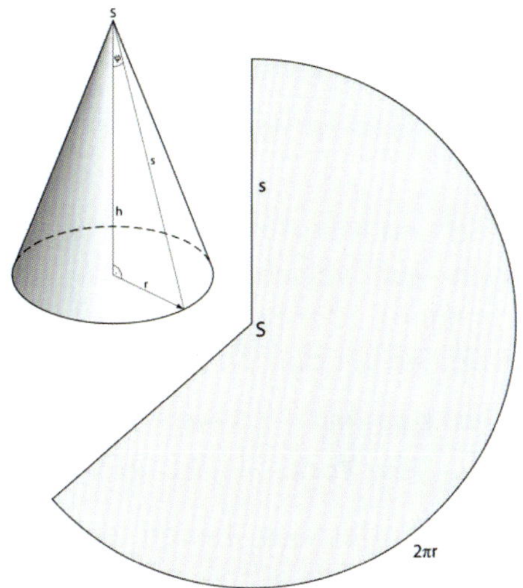

Bild: https://de.wikipedia.org/wiki/Kegel_(Geometrie)#/media/Datei:Gerader_Kreiskegel_mit_Mantel.svg

Aufgabe 4

Bestimme den grau eingefärbten Flächeninhalt des dargestellten Bildes.

Die beiden eingezeichneten Maße betragen außen $14\ cm$ und innen $12\ cm$.

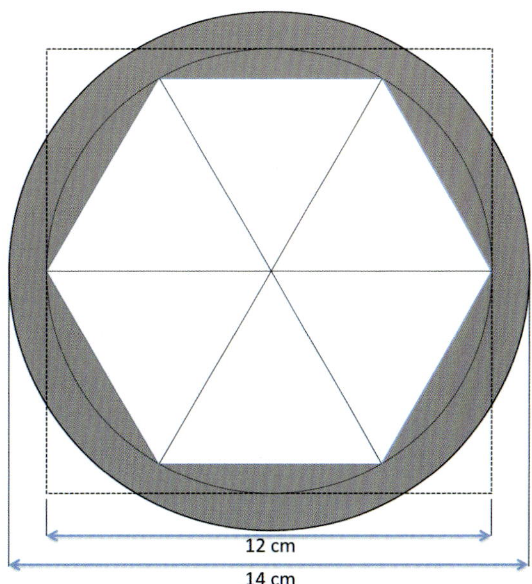

Aufgabe 5 – Neapel – New York?

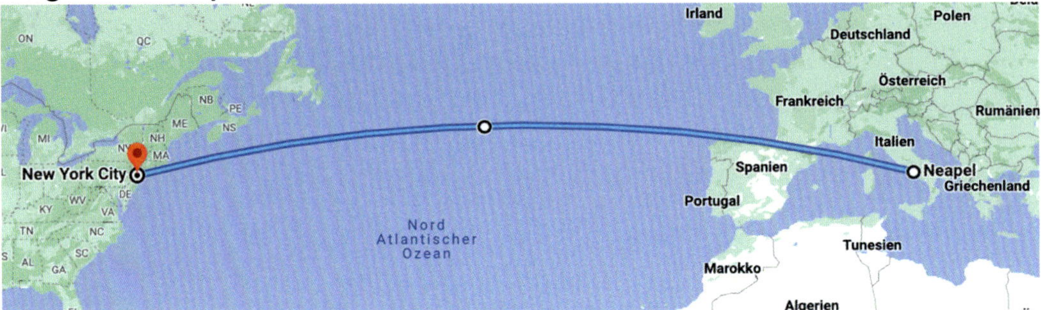

Bild: https://www.google.com/maps/dir/Neapel,+Italien/New+York+City,+New+York,+USA/

Neapel und New York liegen in etwa auf dem gleichen Breitengrad: 40° 50′ Nord, jedoch auf verschiedenen Längengraden. Hier die gerundeten Werte zur Berechnung. (Der Breitengrad wurde für beide Städte gleichgesetzt!). Als Erdradius verwenden wir den Wert $r_e = 6370\ km$.

Neapel:	**41° Nord, 14° Ost.**
New York:	**41° Nord, 74° West.**

Welche Entfernung haben die beiden Städte auf der Erdkugel voneinander (Luftlinie)? Stelle eine saubere Rechnung auf und vergleiche mit einem recherchierten Wert aus dem Internet. **Tipp:** Denke daran, dass Breitenkreise alle abhängig vom Breitengrad einen unterschiedlichen Radius haben!

15.3 Gradmaß und Bogenmaß

In der Wissenschaft werden Winkel häufig im Bogenmaß angegeben. Ein Winkel im Bogenmaß entspricht der Bogenlänge des Öffnungswinkels im Einheitskreis. Daher kommt auch der Name.

Betrachten wir im Bild nebenan den Winkel von 90°. Dieser hat als Bogenlänge $\frac{1}{4}$ der Länge des gesamten Umfangs von $U = 2 \cdot \pi$. Damit ist die Bogenlänge von $90° = \frac{\pi}{2}$.

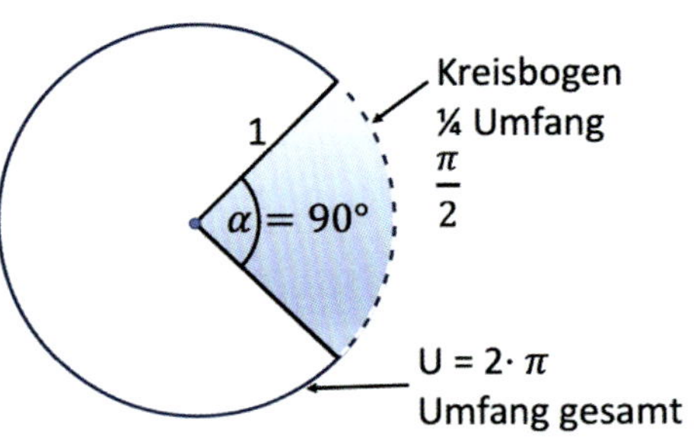

Achte bei der Berechnung von Winkelmaßen und in der Trigonometrie immer auf die Einstellung im Taschenrechner!

Aufgabe 1

Umrechnungsübungen. Rechne die folgenden Winkel im Gradmaß ins Bogenmaß und umgekehrt um. Gib diese Winkel als Vielfache von π an.

Winkel Gradmaß	Winkel Bogenmaß
30°	
45°	
60°	
90°	
120°	
135°	
150°	
180°	

Winkel Gradmaß	Winkel Bogenmaß
	2π
	$\frac{3\pi}{2}$
	π
	$\frac{3\pi}{4}$
	$\frac{2\pi}{3}$
	$\frac{3\pi}{5}$
	$\frac{7\pi}{8}$
	$\frac{\pi}{4}$

Aufgabe 2

Umrechnungsübungen. Rechne die folgenden Winkel im Gradmaß ins Bogenmaß und umgekehrt um. Gib die Winkel im Bogenmaß als Dezimalzahl an, runde auf drei Nachkommastellen. Runde die Winkel im Gradmaß auf zwei Stellen hinter dem Komma.

Winkel Gradmaß	Winkel Bogenmaß
10°	
15°	
40°	
75°	

Winkel Gradmaß	Winkel Bogenmaß
	0,2
	0,5
	0,8
	1

Winkel Gradmaß	Winkel Bogenmaß
100°	
210°	
250°	
300°	

Winkel Gradmaß	Winkel Bogenmaß
	1,5
	2
	2,8
	3

15.4 Kreismuster berechnen

Bestimme jeweils den dunkel schraffierten Flächeninhalt. Alle Quadrate haben die Seitenlänge a.

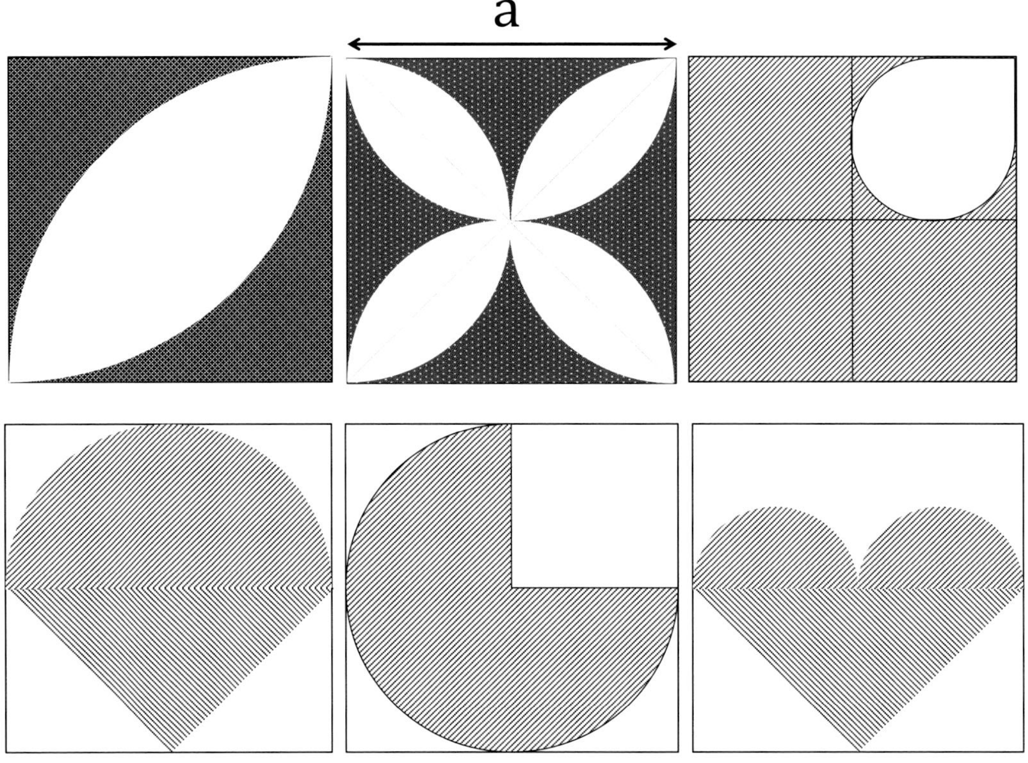

16 3D – Körper Formelsammlung und Aufgaben

16.1 Würfel und Quader

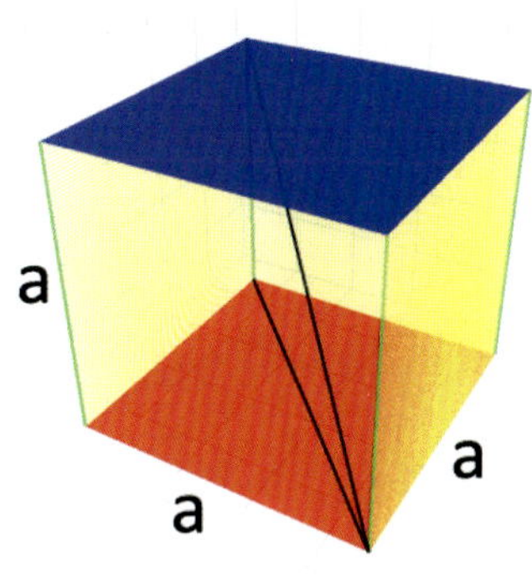

	Würfel	**Quader**
Volumen:	$V = a^3$	$V = a \cdot b \cdot c$
Oberfläche:	$O = 6 \cdot a^2$	$O = 2 \cdot a \cdot b + 2 \cdot a \cdot c + 2 \cdot b \cdot c$

16.2 Prisma

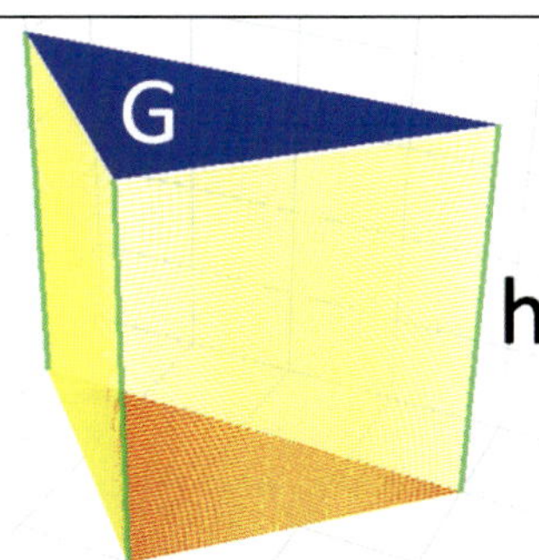

	Prisma	
Volumen:	$V = G \cdot h$	G: Grundfläche h: Höhe M: Mantel
Oberfläche:	$O = 2 \cdot G + M$	

Prismen existieren mit den verschiedensten Grundflächen: z.B. Sechseckprisma, Achteckprisma, usw.

16.3 Zylinder

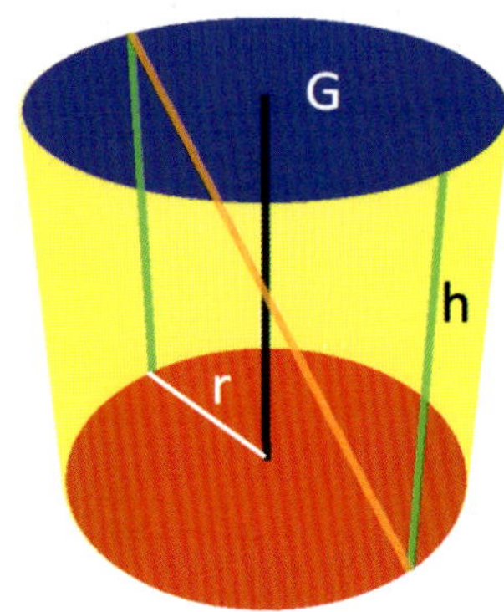

Zylinder

Volumen:	$V = G \cdot h = \pi \cdot r^2 \cdot h$	G: Grundfläche h: Höhe
Oberfläche:	$O = 2 \cdot G + M =$	r: Radius M: Mantel
	$2 \cdot \pi \cdot r^2 + h \cdot 2 \cdot \pi \cdot r$	U: Umfang der Grundfläche

16.4 Pyramide

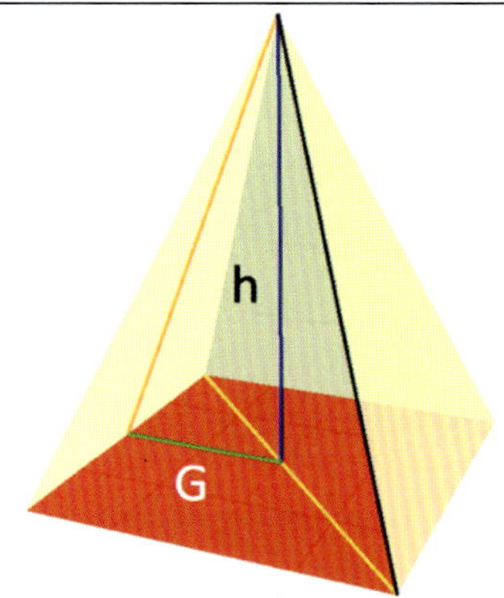

Pyramide

Volumen:	$V = \frac{1}{3} G \cdot h$	G: Grundfläche h: Höhe
Oberfläche:	$O = G + M$	M: Mantel

Pyramiden können verschiedene Vielecke als Grundflächen haben. Die häufigste Pyramide hat eine quadratische Grundfläche. Aber auch ein Tetraeder ist eine spezielle Pyramide!

16.5 Kegel

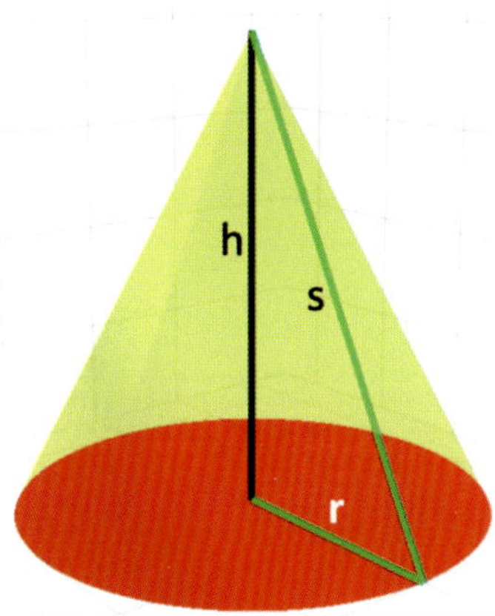

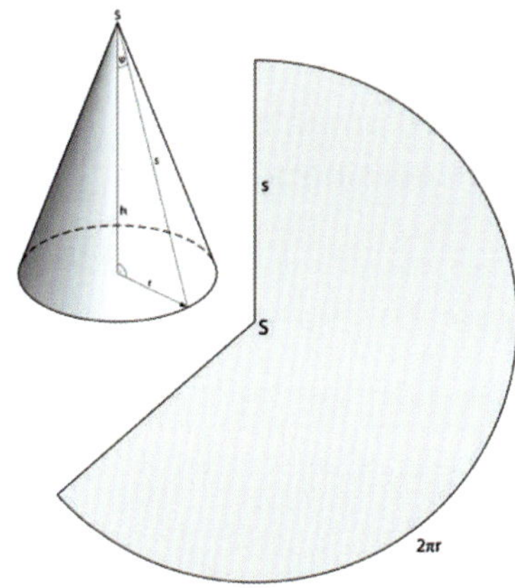

Kegel

Volumen:	$V = \frac{1}{3}G \cdot h = \frac{1}{3}\pi \cdot r^2 \cdot h$	G: Grundfläche h: Höhe r: Radius der Grundfläche M: Mantel
Oberfläche:	$O = G + M$	

Siehe auch Aufgabe 3, S. 133

16.6 Kugel

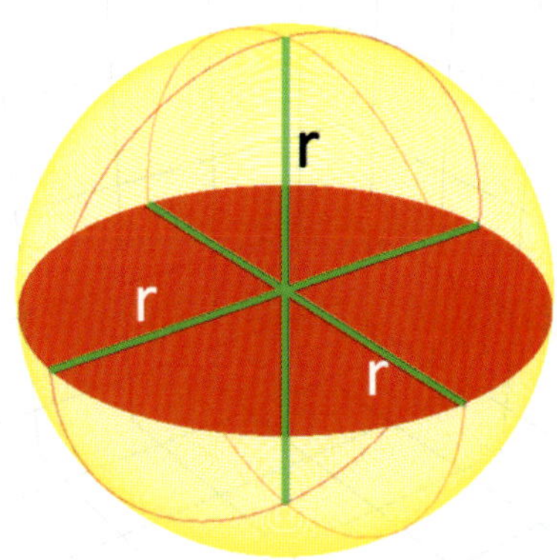

Kugel

Volumen:	$V = \frac{4}{3}\pi \cdot r^3$	r: Radius
Oberfläche:	$O = 4\pi \cdot r^2$	

16.7 Aufgaben zu 3D-Körpern

Aufgabe 1
Bestimme das Volumen des abgebildeten Containers.

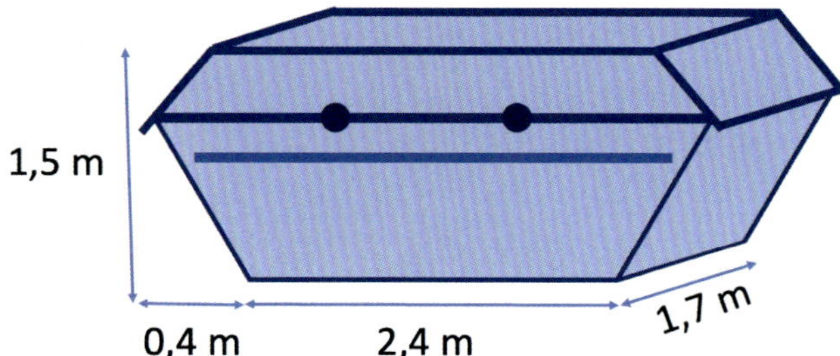

Aufgabe 2
Eine Dose hat eine zylindrische Form, siehe rechts.
Stelle einen Term für das Volumen der Dose auf.
Bestimme aus dem Bild grafisch mit einem Lineal das Verhältnis von Höhe (nur die Höhe des reinen Zylinders) zu Durchmesser. Bestimme den echten Durchmesser und die echte Höhe aus der Kenntnis des Volumens dieser Dose: 250 ml. Runde auf 1 Stelle hinter dem Komma.

Aufgabe 3
Berechne Volumen und Oberfläche des folgenden Rotationskörpers. Stelle zunächst einen Rechenausdruck für das Volumen und die Oberfläche auf. Die Rotationsachse ist gestrichelt gezeichnet.

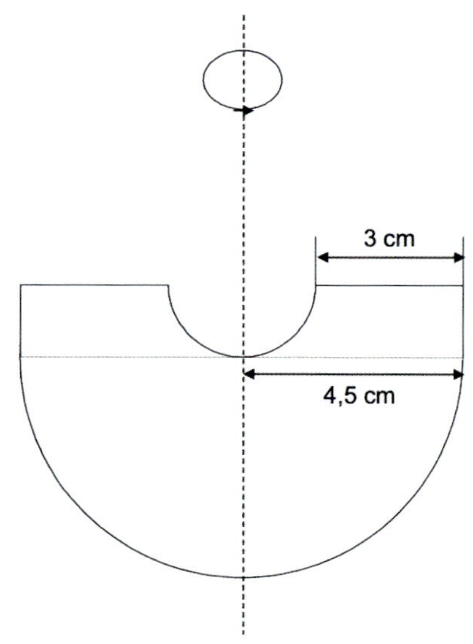

Aufgabe 4
Eine Kugel hat den Durchmesser von $d = 10\ cm$. Sie besteht aus reinem Gold. Die Dichte von Gold beträgt $19{,}3\ g/cm^3$. Wie schwer ist die Kugel? Könnte man sie leicht mit einer Hand tragen?

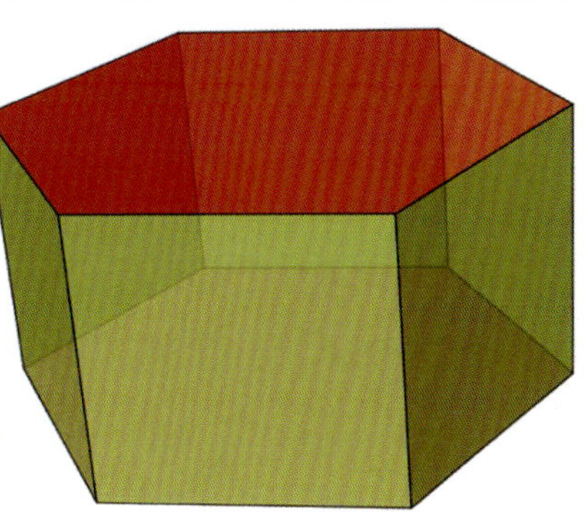

Aufgabe 5

Alle Kanten eines Prismas mit gleichmäßiger 6-eckiger Grundfläche haben alle die Länge $l = 5\,cm$. Berechne die Oberfläche dieses Prismas und sein Volumen. Fertige hierzu eine Zeichnung der Grundfläche an.

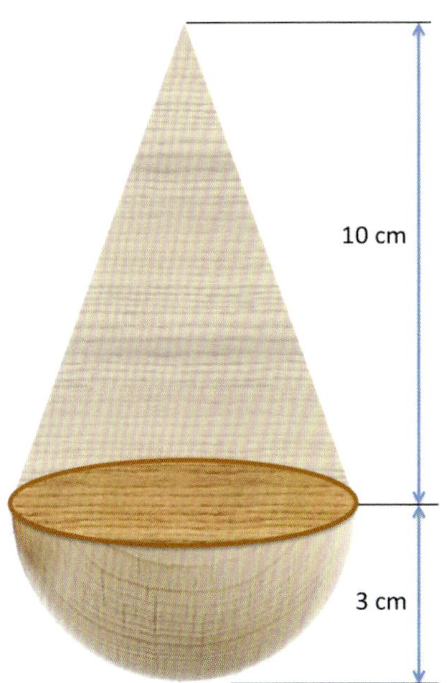

Aufgabe 6

Ein Holzspielzeug besteht aus einer Halbkugel mit dem Radius von $r = 3\,cm$ und einem Kegel aus Eichenholz mit der Höhe $h = 10\,cm$ (siehe Bild). Berechne das Volumen.

Beim Holz handelt es sich um Eichenholz mit einer Dichte von $480\frac{kg}{m^3}$. Wie schwer ist das Spielzeug.

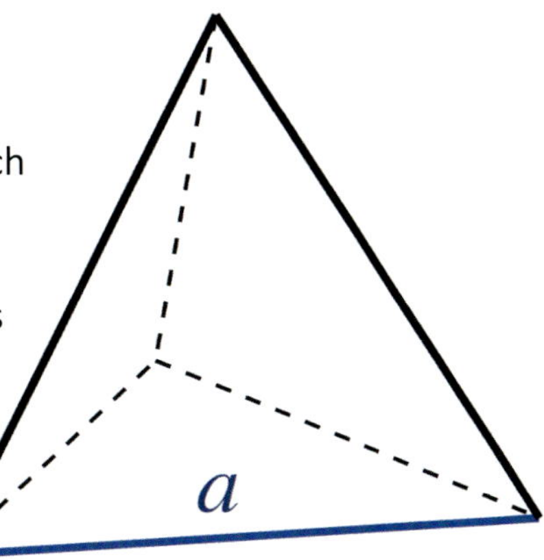

Aufgabe 7

Ein Tetraeder ist ein Körper mit vier gleichseitigen Dreiecken als Begrenzungsflächen. Man kann es auch als Pyramide mit einer dreieckigen Grundfläche auffassen.

a) Berechne die Oberfläche und das Volumen eines Tetraeders mit der Seitenlänge a.

b) Welche Kantenlänge hat ein Tetraeder mit dem Volumen $V = 300\,ml$?

Bild: Wikipedia, https://upload.wikimedia.org/wikipedia/commons/thumb/4/42/Tetraeder-1-tab.svg/839px-Tetraeder-1-tab.svg.png

Aufgabe 8

Eine Schubkarre habe annähernd die Form eines Prismas. Die folgenden Längen seien gegeben: $a = 40\,cm, b = 50\,cm, c = 70\,cm, d = 30\,cm$. Berechne das Volumen der Schubkarre in Litern!

Bild: https://freesvg.org/schubkarre / PowerPoint

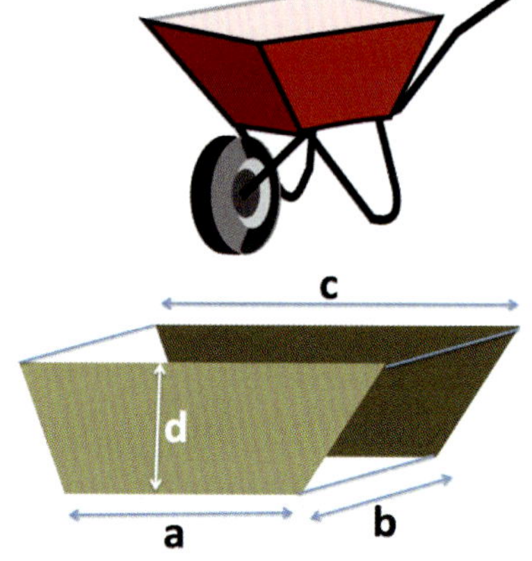

Aufgabe 9

Berechne das Volumen des abgebildeten umgedrehten Tisches. Der Tisch soll alternativ aus Holz (Buche, Dichte $720\,kg/m^3$) oder massivem Aluminium ($2{,}7\,kg/dm^3$) gefertigt werden. Wie schwer ist der Tisch aus Holz, wie schwer aus Aluminium?

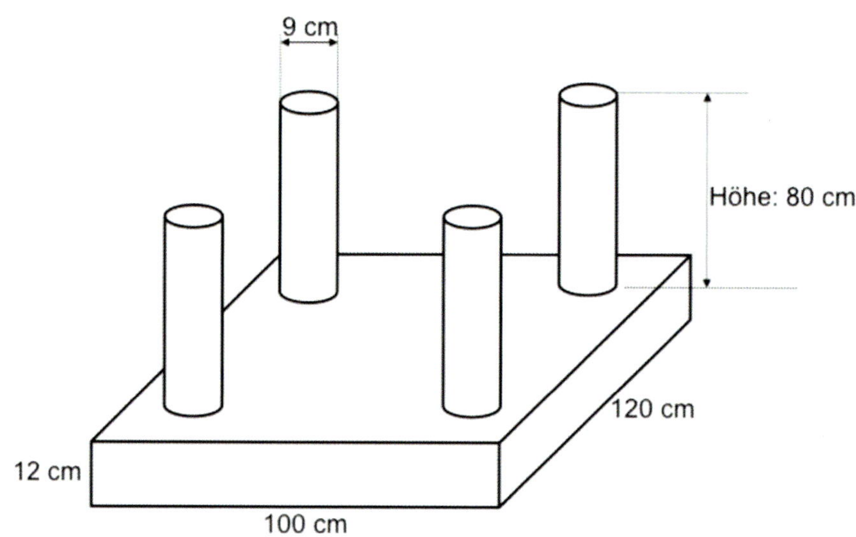

Aufgabe 10

Das Volumen einer Pyramide kann man herleiten, indem man die Pyramide näherungsweise aus geschichteten Quadern betrachtet.

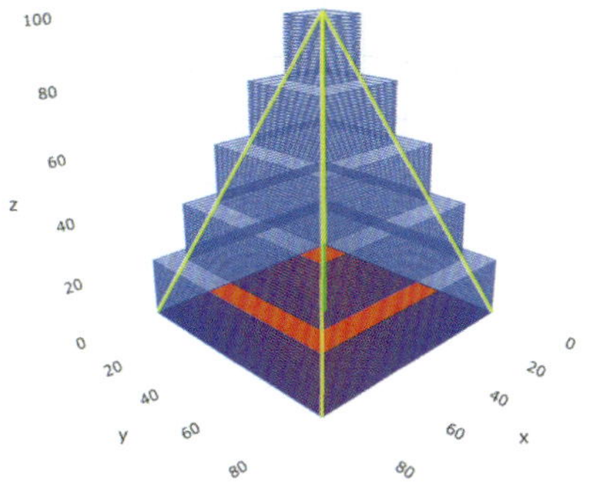

Näherung mit 5 Ebenen

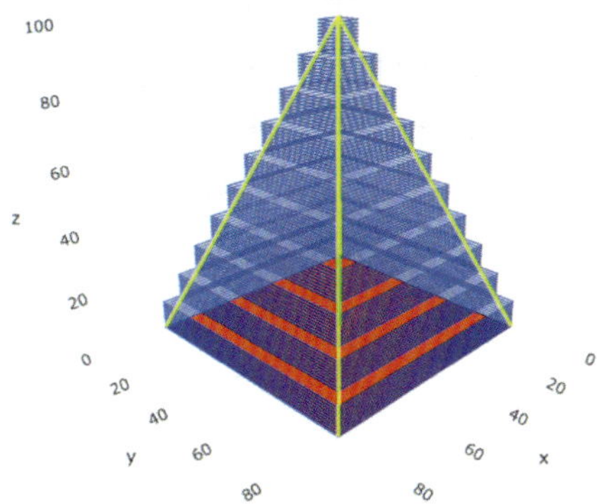

Näherung mit 10 Ebenen

Berechne das Volumen einer Pyramide mit der quadratischen Grundfläche der Seitenlänge a und der Höhe h für 5, 10 und 100 Ebenen. Versuche dann eine Näherung für unendlich viele Ebenen!

Hinweis: Die Summe der ersten N Quadratzahlen kann mit der folgenden Formel ausgerechnet werden: $\sum_{i=1}^{N} i^2 = \frac{N(N+1)(2N+1)}{6}$

17 Formelsammlung / Lernzettel

Terme

Was ist ein Term?

Ein Term ist ein Rechenausdruck und besteht aus Ziffern, Variablen und Rechenzeichen, wie z.B. Rechenoperatoren $+, -, \cdot, :$, oder auch Wurzeln, Potenzen, Bruchstrichen usw.

Terme zusammenfassen

Nur gleiche Variablen in der gleichen Potenz dürfen zusammengefasst werden.

$$2a + 3a = 5a, \qquad 3a + 2b - a = 2a + 2b$$

$$2a^2 + a^2 + a = 3a^2 + a$$

Gleichungen lösen

Allgemeine Regel

Auf jeder Seite darf die gleiche Rechenoperation ausgeführt werden, ohne die Gleichung zu verändern

1. Schritt

Fasse die Terme links und rechts des Gleichheitszeichens zusammen.

2. Schritt

Binge die gesuchte Variable auf eine Seite und alle anderen Zahlen auf die andere Seite durch Anwenden der gleichen Rechenoperation auf jeder Seite.

Gleichungen, die nicht gelöst werden können, haben als Lösungsmenge die „leere Menge“ $L = \{\}$ oder $L = \emptyset$.

$$\begin{aligned} 5x - 10 &= x + 6 \quad && |-x \quad |+10 \\ 4x &= 16 && |:4 \\ x &= 4 \end{aligned}$$

Ungleichungen

$1 < -x \Leftrightarrow -1 > x$

Multipliziert oder dividiert man eine Ungleichung mit einer negativen Zahl, dreht sich das Ungleichzeichen um!

Lineare Funktionen / Geraden, Geradengleichung

Lineare Funktion

$f(x) = a \cdot x + b$
oder
$f(x) = m \cdot x + n$

Wert bei x: **Steigung**
Zahl die addiert oder subtrahiert wird: **y-Achsenabschnitt**

Lineare Funktionen / Geraden, Geradengleichung

Proportionale Funktion	$f(x) = a \cdot x$ oder $f(x) = m \cdot x$	Verläuft durch den Ursprung, hat **KEINEN y-Achsenabschnitt!**
Konstante Funktion	$f(x) = b$ oder $f(x) = n$	**Steigung ist NULL**, verläuft **parallel zur x-Achse**!
Steigung aus zwei Punkten P, Q	$m = \frac{y_2 - y_1}{x_2 - x_1}$	$P\ (x_1 \mid y_1)$ $Q\ (x_2 \mid y_2)$
Steigungswinkel	$\tan(\alpha) = m$	

Lineare Gleichungssysteme

Gleichsetzungsverfahren

$(I)\ 2y = 2x + 1$

$(II)\ 2y = 5x + 7$

Lösung:

$$2x + 1 = 5x + 7$$

$$-6 = 3x$$

Einsetzungsverfahren

$(I)\ 2y = 3x + 4$

$(II)\ y = x + 1$

Lösung:

$$2 \cdot (x + 1) = 3x + 4$$

$$2 \cdot x + 2 = 3x + 4$$

$$-2 = x$$

Additionsverfahren

$(I)\ 4y + x = 4$

$(II) - 2y - x = 2$

Lösung:

$$\begin{array}{ll} (I) & 4y + x = 4 \\ \underline{(II)} & \underline{-2y - x = 2} \\ (I) + (II) & 2y = 6 \end{array}$$

Binomische Formeln

1. binomische Formel	$(a + b)^2 = a^2 + 2ab + b^2$
2. binomische Formel	$(a - b)^2 = a^2 - 2ab + b^2$
3. binomische Formel	$(a + b) \cdot (a - b) = a^2 - b^2$

Faktorisieren

Satz von Vieta

$$(x+p)\cdot(x+q) = x^2 + (p+q)\cdot x + p\cdot q$$

Ausklammern ...
... ist auch eine Form von Faktorisieren!

$$x^2 + x = x\cdot(x+1)$$

$$x^3 + x^2 = x^2\cdot(x+1)$$

Bruchterme

Definitionsmenge immer angeben!

$\frac{x^2+2x+1}{x+1}, x \neq -1$ Achte immer auf den Nenner!

Kürzen

Summen kürzen nur die Dummen!
Zähler und/oder Nenner immer faktorisieren!

Wurzelgesetze

Produkte

$$\sqrt{a\cdot b} = \sqrt{a}\cdot\sqrt{b}$$

Quotienten

$$\sqrt{\frac{a}{b}} = \frac{\sqrt{a}}{\sqrt{b}}$$

Spezielle Wurzeln

$$\sqrt{x} = x^{\frac{1}{2}}, \qquad \frac{1}{\sqrt{x}} = x^{-\frac{1}{2}}, \qquad \sqrt{x^3} = x^{\frac{3}{2}}$$

Satz des Pythagoras

Satz des Thales

Rechtwinklige Dreiecke im Halbkreisbogen

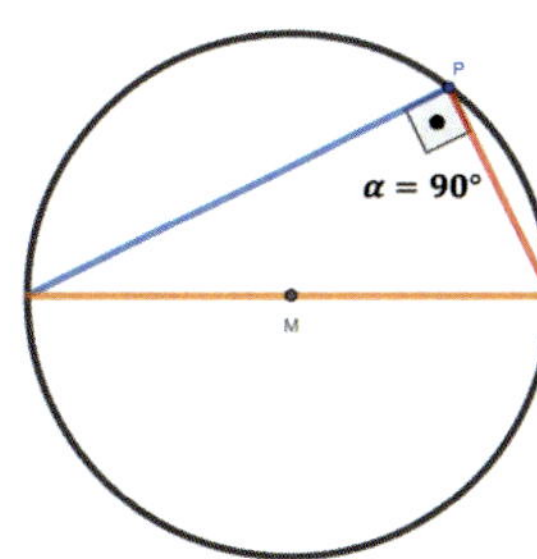

Satzgruppe des Pythagoras

Satz des Pythagoras

$$Hypotenuse^2 = 1.\,Kathete^2 + 2.\,Kathete^2$$

$$3^2 + 4^2 = 5^2$$

$$6^2 + 8^2 = 10^2$$

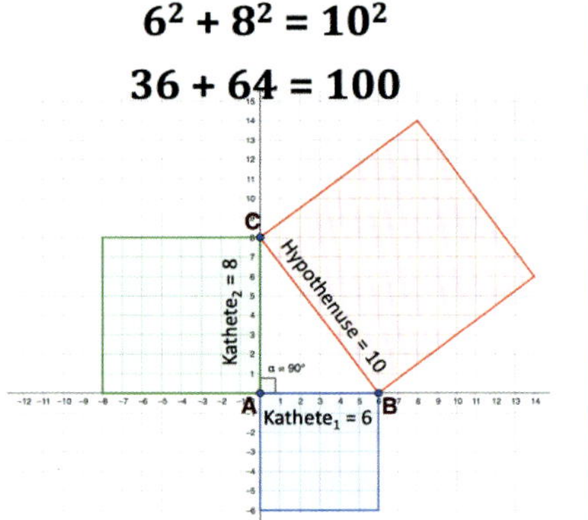

Höhensatz

$$h^2 = p \cdot q$$

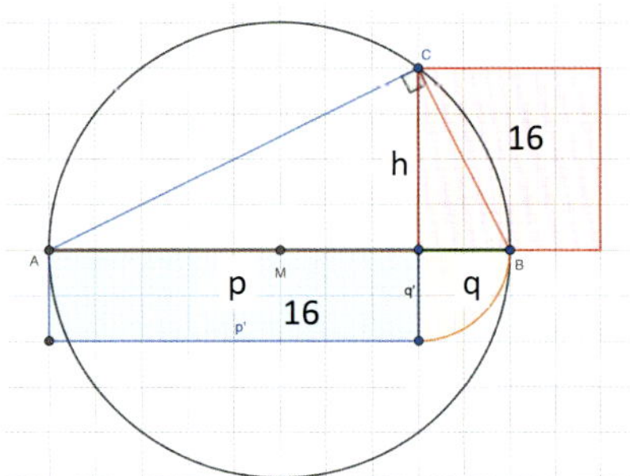

Kathetensatz

$$a^2 = q \cdot c$$

$$b^2 = p \cdot c$$

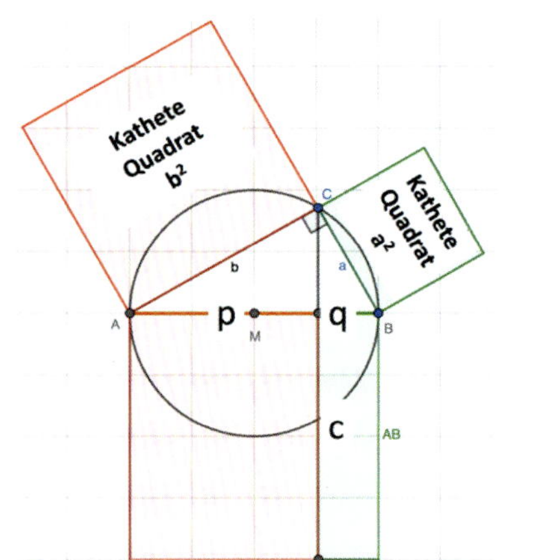

Potenzgesetze

$a^0 = 1$

$a^1 = a$

$a^{-1} = \frac{1}{a}$, $a^{-2} = \frac{1}{a^2}$

$a^n \cdot a^m = a^{n+m}$

$\frac{a^n}{a^m} = a^{n-m}$

$a^{-n} = \frac{1}{a^n}$

$a^n \cdot b^n = (a \cdot b)^n$

$\frac{a^n}{b^n} = \left(\frac{a}{b}\right)^n$

$(a^n)^m = a^{n \cdot m}$

Parabeln

Normalparabel

$f(x) = x^2$

Streckfaktor

$f(x) = a \cdot x^2$

$a = 1:$ Normalparabel
$a = -1:$ Normalparabel nach unten geöffnet
$0 < a < 1:$ „geweitet"
$a > 1:$ „zusammengedrückt"
$a < 0, negativ$: nach unten geöffnet

Verschiebung in y-Richtung

$f(x) = a \cdot x^2 + b$

Verschiebung um b in y - Richtung, a: Streckfaktor

Verschiebung in x-Richtung

$f(x) = a \cdot (x - b)^2$ Verschiebung um $+b$ in x - Richtung

Scheitelpunktform

$f(x) = a \cdot (x - \boldsymbol{b})^2 + \boldsymbol{c}$ $\boldsymbol{S}\,(\,\boldsymbol{b} \mid \boldsymbol{c}\,)$ Scheitelpunkt

a: Streckfaktor
$-b$: Verschiebung in x-Richtung
$+c$: Verschiebung in y-Richtung

Nullstellenform

$f(x) = a \cdot (x - x_1) \cdot (x - x_2)$

Mit den Nullstellen x_1, x_2
Achte auf die Vorzeichen, mit der Nullstelle muss die Klammer null werden!

Quadratische Gleichungen lösen

Ausklammern

$$x^2 - 4x = 0$$

$$x \cdot (x-4) = 0$$

$$x_1 = 0, x_2 = 4$$

Binomische Formeln rückwärts

$$x^2 - 8x + 16 = 0$$

$$(x-4)^2 = 0, x_{1,2} = 4$$

$$x^2 - 9 = 0$$

$$(x-3) \cdot (x+3) = 0$$
$$x_1 = 3, x_2 = -3$$

Faktorisieren

$$x^2 - 7x + 12 = 0$$

$$(x-4) \cdot (x-3) = 0$$
$$x_1 = 4, x_2 = 3$$

Quadratische Ergänzung

$$x^2 - 4x + 1 = 0$$

$$x^2 - 4x + \mathbf{4} - \mathbf{4} + 1 = 0$$

$$(x-2)^2 - 3 = 0$$
$$(x-2)^2 = 3$$
$$x_{1,2} = 2 \pm \sqrt{3}$$

p-q-Formel

$$x^2 - 4x + 1 = 0$$

$$p = -4, q = 1$$

$$\boldsymbol{x_{1,2} = -\frac{p}{2} \pm \sqrt{\left(\frac{p}{2}\right)^2 - q}}$$

$$x_{1,2} = -\frac{(-4)}{2} \pm \sqrt{4-1}$$
$$x_{1,2} = 2 \pm \sqrt{3}$$

Nullstellenform

$$(x-2) \cdot (x+1) = 0$$

$$x_1 = 2, x_2 = -1$$

Trigonometrie

Sinus

$$\sin(\alpha) = \frac{\text{Gegenkathete}}{Hypotenuse}$$

Kosinus

$$\cos(\alpha) = \frac{\text{Ankathete}}{Hypotenuse}$$

Trigonometrie

Tangens

$$\tan(\alpha) = \frac{\sin(\alpha)}{\cos(\alpha)} \qquad \tan(\alpha) = \frac{\text{Gegenkathete}}{\text{Ankathete}}$$

Trigonometrischer Pythagoras

$$\sin^2(\alpha) + \cos^2(\alpha) = 1$$

$$sin(\alpha) = \sqrt{1 - cos^2(\alpha)}$$

$$\cos(\alpha) = \sqrt{1 - sin^2(\alpha)}$$

Sinussatz

$$\frac{a}{sin(\alpha)} = \frac{b}{sin(\beta)} = \frac{c}{sin(\gamma)}$$

Kosinussatz

$$a^2 = b^2 + c^2 - 2 \cdot b \cdot c \cdot cos(\alpha)$$

$$b^2 = a^2 + c^2 - 2 \cdot a \cdot c \cdot cos(\beta)$$

$$c^2 = a^2 + b^2 - 2 \cdot a \cdot b \cdot cos(\gamma)$$

Kreis

Zahl Pi, π

$3{,}14159\ ...$

Das Verhältnis von Umfang zu Durchmesser eines Kreises.

Umfang

$$U = 2 \cdot \pi \cdot r$$

$$U = \pi \cdot d$$

$r =$ Radius,

$d =$ Durchmesser

Flächeninhalt

$$A = \pi \cdot r^2$$